教育经典

致教师

ZHI JIAOSHI

朱永新 · 著

漓江出版社
· 桂林 ·

图书在版编目（CIP）数据

致教师 / 朱永新著. -- 桂林：漓江出版社，2020.8（2022.3 重印）
ISBN 978-7-5407-8871-1

Ⅰ.①致… Ⅱ.①朱… Ⅲ.①教育学－文集 Ⅳ.① G40-53

中国版本图书馆 CIP 数据核字（2020）第 067710 号

致教师

作　　者　朱永新

出 版 人　刘迪才
策划编辑　文龙玉
责任编辑　章勤璐
书籍设计　石绍康
封面制作　阳雨诗
责任监印　黄菲菲

出版发行　漓江出版社有限公司
社　　址　广西桂林市南环路 22 号
邮　　编　541002
发行电话　010-65699511　0773-2583322
传　　真　010-85891290　0773-2582200
邮购热线　0773-2582200
电子信箱　ljcbs@163.com
网　　址　www.lijiangbooks.com
微信公众号　lijiangpress

印　　制　天津嘉恒印务有限公司
开　　本　710 mm × 960 mm　1/16
印　　张　14.75
字　　数　250 千字
版　　次　2020 年 8 月第 1 版
印　　次　2022 年 3 月第 2 次印刷
书　　号　ISBN 978-7-5407-8871-1
定　　价　59.80 元

前言

我是教师

教师，不是园丁
教师本身应该是一朵花儿
教育是师生互相作用的过程

教师，不是蜡烛
教师不能以化为灰烬做代价
以此去照亮学生

教师，不是春蚕
教师的故步自封才会作茧自缚
心灵的成长来自每个季节

教师，不是人类灵魂工程师
没有谁的灵魂是机器
能用某种工艺任意修理完成

教师就是教师
与学生是互相依赖的生命
教师就是教师
每天都在神圣与平凡中穿行

我是教师
伟人和罪人
都可能在我这里形成
让人如履薄冰

我是教师
心底里喜怒哀乐翻滚
黑板上天高地远开阔
脚板下三尺讲台扎根

我是教师
这是一份职业
更是一个志业

我是教师
这是一份职责
更是一种使命

我是教师
时光缓缓显形
终见此生天命

我是教师
以现在求证未来
让生命幸福完整

序言：做一个现实的理想主义者

朱永新教授对教育的挚爱和贡献，体现为近二十年来对新教育的不懈推进。作为一位著名的教育学者，他走出书斋，选择发起自下而上的教育变革，最终使新教育实验大范围地进入和改变了公办学校，这在学者中是十分罕见的。

出生于教师世家，同时身为教师，朱永新对教师职业的信仰、对教师群体的热爱，成为他的一个特质、一个品牌。当然，还有他的勤奋和对写作的“执念”。记得约 20 年前在苏州初识，当时他是主管文教的副市长，就有“最不像市长的市长”之口碑。确实不像，功夫都不花在官场上，每天早上五点多起床，就忙着写电子邮件，回复各地教师的来函；每天不知疲倦地接待、安排各地来访的教师。那是他发自内心的挚爱，装不出来的。

朱永新发起和引领的新教育实验，有两个最重要的关注，一是阅读，一是教师。整个新教育实验的核心，就是阅读推广，由此促进教师成长，打造“书香校园”，改变学生和学校的生态。至今我仍记得，新教育早期的“明星”之一，是苏北的一位小学体育教师。他兢兢业业，爱岗敬业，是公认的好教师，也获得许多荣誉。但是在接触了新教育之后，他才发现自己原来是个不称职的教师。因为工作十几年来，他没有再读过一本书。他从阅读、写作开始，重新出发，成长为一名优秀校长。

基于新教育实验对众多学校和教师真实的改变，朱永新的这本《致教师》与普通的教育读物不同，既不是阔谈理论、炫耀学问的高头讲章，也不是漫谈人生、心灵抚慰的快餐鸡汤，而是他作为长者和朋友，对青年教师进行困惑的诊断、信念的加持、生涯的引领、专业的指导，在这些方面朱永新具有十足的自信和底气。特别应该认识到的是，从一开始，新教育实验就提出了“让师生过一种幸福完整的教育生活”的幸福教育理念，将幸福作为教育的目标，将教师的幸福视为与学生的幸福同样重要的目标，从而超越了我国教师教育、教师培训中缺乏境界，偏重工具性、技术性的缺陷。这就无怪乎《致教师》出版以来深受教师喜爱，4 年多来已重印 30 余次，发行 40 余万册，并出版了英文版。它与另一部在教师中享有盛誉的读物——苏霍姆林斯基的《给教师的一百条建议》，可以媲美。

今天谈论教师，我是缺乏朱老师那样的从容坚定的，内心不免复杂沉重。多年前，人民教师是一个清贫但是干净的形象，人们用“阳光下最崇高的职业”“燃烧的红烛”这样的美誉将它道德化，提高教师待遇则成为另一个不变的主题。前些年曾为一本书作序《叫一声老师太沉重》，说的是在最偏僻贫困的山区坚守的乡村代课教师。这些年，教师形象、地位的变化很大。一方面许多风光无限的名师名校长在聚光灯下风采闪耀，论文著作层出不穷；另一方面，在应试教育的背景下，师风师德问题突出，沉重的学业负担和中小学生自杀的悲剧背后，扭曲的教育生态令人扼腕。

这并不是简单的 1% 与 99% 的关系，而是一种变异，一种教育的异化，需要教育体制机制的整体改革。我们已经进入 21 世纪的第三个十年。如同疫情期间的线上教育所显示，21 世纪 20 年代的教育面临前所未有的挑战，需要通过教育创新去促进教育公平，提升教育品质，改善教育生态。显然，这并无捷径。我们依然需要回到教师这一传统的主题，只有通过教师队伍素质的整体提升，一个一个地去唤醒、点燃，才能形成越来越强大的阵容，身体力行地去改变，去推进，去践行好的教育的理想。特别需要重视年轻的“后浪”，他们是教育的希望和未来。这需要新教师清晰使命，坚定理想，保持热情，学会思考，树立正确的教育价值观，学会专业阅读，在压力下坚守，做一个现实的理想主义者。这都是《致教师》中的命题，是《致教师》的深意。

“做一个现实的理想主义者”，不但是朱老师对“后浪”的期许，也是他的自我写照。他说：愿我书写一部教师的生命传奇，为自己赢得心灵的自由——我们正在涨潮的海上！

杨东平

2020 年 6 月 22 日

目 录／Contents

第一辑　给我一个做教师的理由

教师是一个能够把人的创造力、想象力等全部能量与智慧发挥到极限的、永远没有止境的职业。

教师应该努力挖掘教师职业的内在美，从而坚信自己所从事的是一个影响人的一生的、值得为之奋斗一生的事业。这样，你才会爱它，才会全身心地投入。只有爱，才能赢得爱。你爱教师这个职业，教师这个职业也才会爱你，你才能获得事业上的乐趣。

为自己赢得心灵的自由

——如何寻找人师？

朱老师：

前段时间，我读了《曼德拉传》，多次泪流满面。曼德拉的一生，可谓光芒万丈又跌宕起伏：曾因领导反种族隔离运动入狱27年，曾获诺贝尔和平奖，曾担任南非第一位黑人总统……不仅如此，曼德拉还对教育非常重视。自他1999年主动卸任后，就致力于两件事：在南非大力兴办学校，为南非防治艾滋病。我觉得，这样的人本身就是一本教科书，就是一位好老师，您同意我的看法吗？

老师：

的确，曼德拉就是一本教科书，就是一位好老师。

人们常说，经师易得，人师难求。其实，一个伟大的人无论他出身于哪个民族，身处哪个国家，都是人类共同的英雄。这样的人，职业不同，身份各异，相同的是他们用时光锻造生命，用行动把自己的人生书写为一个传奇。他们的一生就是一本活生生的人生教科书，他们言传身教地为人们指引了一种更有价值的活法，值得我们每个人去学习。从这个意义上说，每一个伟大的人，都是一位伟大的教师。

纳尔逊·曼德拉，就是一位这样伟大的教师。

2013年12月5日，曼德拉安然离世，享年95岁。曼德拉的所行所言，如老师一般将世事、将人生，向我们娓娓道来，让我们这些为人师者深受启迪。

对受过27年牢狱之灾的曼德拉，最令人震撼的或许是他对自由的诠释："当我走出囚室迈向通往自由的监狱大门时，我已经清楚，自己若不能把痛苦与怨恨留在身后，那么其实我仍在狱中。"这是他的睿智之语，也是他的肺腑之言。他在当选总统的那天，邀请狱警参加典礼并真诚致谢，他认为自己曾经是个急性子，而且脾气暴躁，是狱中生活让他逐渐学会反思与处理痛苦，从而给了他战胜苦难的能力。他用行动证明，他并没有让仇恨侵蚀自己的内心，而是为自己赢得了真正的自由。

其实，没有人的生活会一帆风顺，无论大小，每个人都会遭遇困境。束缚每个人的枷锁，不是周遭环境，而是自己的心魔。摆脱这样的枷锁，就能享有真正的自由。曼德拉面对困境的方式告诉我们，我们可以从痛苦中汲取积极的力量，从困境中学习超越的本领，这样，强大的心灵就会无所阻碍。而且越是得知自由的可贵，我们越是要像曼德拉说的那样为了自由行动：“自由不仅仅意味着摆脱自身的枷锁，还意味着以一种尊重并增加他人自由的方式生活。”因为，永远有人无法靠自己挣脱自身枷锁。当我们为这些人的自由而奋斗，我们的心将获得更大的自由。

有了这样的心，自然就可以像曼德拉说的那样把敌人变成伙伴：“要想与敌人求和平，就需与敌人合作，然后他就会变成你的伙伴。”这句话不仅是政治家的谋略，换个角度理解，也是凡人的处世箴言。生活中 99% 的对立是因为沟通不畅。从合作开始交流，把想法平和地说出来，互相倾诉倾听，最终消除误会，达到双方和谐。同时收获友情与工作成果，才是双赢。这样，也就是更好地实现了我们生命的意义。因为只要活着，无论是否愿意，我们实质上都在影响着周围的人。我们积极一点，就向周围多传达一分正能量；我们消极一分，就向周围多传达一点负能量。正负的比例，就是我们活着的价值大小。曼德拉说过：“生命的意义不仅是活着，而是我们给别人的生命带来了何种不同。这决定了我们人生的意义。”这句话，对教师尤其重要。教育归根结底是人和人之间发生的影响，教师的一言一行都可能直接给学生的生命带来不同，教师的生命价值、人生意义，都在于此。

曼德拉还告诉我们：“无人生来会因肤色、背景、宗教而憎恨他人，憎恨是人们后天习得的。如果人们能学会恨，他们也能被教会去爱。因为对于人的心灵来说，爱比恨来得更加自然。”是啊，爱是教育的源泉。但在我们的现实生活中，仇恨很容易看见。渐渐地，有很多人，包括我们教师，都会受此蒙蔽，以为恨就是生命的底色。可细想一下，谁不会对着刚诞生的生命，无意识地绽放微笑呢？这就是爱，最原始的爱，它来自善良的心灵。

但仅仅有善良的心灵还是不够的。曼德拉提醒我们：“精明的头脑和善良的心灵往往是个不可思议的组合。”因为，精明与善良，是很难同时存在的两个特点。精明往往导致斤斤计较，善良通常导向宽容大度。一个人的最高境界，是做事精明、细加推敲，为人善良、谦和宽厚。能这样，意味着小聪明已成大智慧，成为一个了不起的人，就是必然。

所以，面对困难与挑战，恐惧和屈服是容易的，勇敢迎接是困难的。曼德拉是人们心目中的勇者，他却坦率地指出：“勇者并非指那些不感到害怕的人，而是那些能克服自身恐惧的人。”永远不害怕的人，不是勇敢，而是莽撞。真正的勇敢必然与智慧联系在一起，因此必然能够分辨出什么是危难，并为之恐惧。真正的勇敢，是在危难关头始终咬紧牙关；真正的勇者，是为了使命，明知不可为而为之。

所以，对现实责怪、抱怨是容易的，想要超越现实的表象，对人性、对教育有着根深蒂固的信任与热爱，是艰难的。但后者才是教师这一职业的真正使命所在。曼德拉是有这种信任与热爱的，因此他是一位乐观者，他始终坚持：“有许多黑暗的时刻，人道主义信仰一时经受了痛苦的考验，但是，我将不会也不可能会向悲观低头。向悲观低头就意味着失败和死亡。”

真正的信仰是最为恒久炽热的希望，能在厄运中鼓舞起勇气，激荡起乐观。信仰造就的乐观，是生命中的太阳，任何境况下的人生都会因此温暖明亮，并指引着生命中的明亮那方。还在大牢之中时，曼德拉就一直坚持用简练的线条、明快的颜色画下当时的生活。他说，他“想用乐观的色彩”记录。他在84岁那年，将这些“牢画”做了一个画展，感慨道：“只要我们能接受生命中的挑战，连最奇异的梦想都可实现！”我们必须明白，所有梦想，都是对现实的超越。想超越现实，必然面临挑战。绝大多数时候，我们对梦想仅仅是想想而已，很少有人真正用心去做，因为永远有着太多人用太多理由来告诉我们：不可能。其实一旦用心行动，就会发现再强的外压下也永远有探索空间，不可能逐渐变成可能，最终成为现实。不徘徊犹豫的人，乐观迎接挑战的人，才可能真正拥抱梦想。实现了太多常人眼中不可能实现的梦想，曼德拉用亲身经历告诉我们：“当我们没有开始做一件事时，它看起来好像是不可能的。”

当然，人生是一段旅程。曼德拉说：“我已经发现了一个秘密，那就是，在登上一座大山之后，你会发现还有更多的山要去攀登。”所谓成功，只是我们登上了一座众人眼里的大山。如果此时驻足停步，就意味着我们只欣赏过这座大山的风光，却失去了更多的风景，那也就是真正的失败。

人生没有最高峰，风景永远在路上。教育没有终点，我们永远在追寻中。曼德拉为南非奋斗一生，如今南非的发展仍然面临着诸多问题。建立国家易，建设国家难。后者必须通过教育为武器，让刚性制度要求成为全民文化自觉，才会长治久安。勇者曼德拉离开我们，走上了另一条漫漫自由路。这个伟大的人，发动过革命，也倡导着和平，最后，他对教育的力量有着越来越深刻的认识。

曼德拉说过的一句话，值得我们每一位教师为之自豪，为之自省："教育是最强有力的武器，你能用它来改变世界。"我们每一个老师都应该以此扪心自问：我们，在这样做吗？

你的朋友：朱永新

因为魅力所以美丽
——如何寻找教师生活的美丽？

朱老师：

我是一名刚刚工作不久的新老师。原来对教师职业充满无限憧憬的我，不知不觉中却开始厌倦现在的生活。在平常的闲聊中，在网上的议论中，经常可以听到同事们对生活的抱怨。有的人说，教师的生活太平淡，没有刺激；有的说，教师的生活太机械，没有情调；有的说，教师的生活太繁杂，没有成就感……加上各种检查评比，孩子们出现的各种问题，经常让我手忙脚乱。我渐渐对教师工作失去信心了。朱老师，请您告诉我，我应该怎么办呢？

老师：

收到你的来信。非常理解你的感受。中国有句老话："家有二斗粮，不做孩子王。"这句话不是没来由的。和孩子打交道确实是一件非常费心的事，每天都会遇到这样那样的困境，引发这样那样的烦恼。

我的妹妹曾经也是一名教师。刚刚做教师不久，她也给我写过一封类似的信。

我告诉她，我们不能只看到做教师的风险与困难，看不见做教师的优势。不要忙着备课讲课，也不要急着抱怨，此时此刻，最重要的是培养对学生的感情，激发对教育的感觉。

正如作家冯骥才描述的那样："空气穿过针孔时，比穿过山谷更有快感。"其实，穿过针孔的艰辛与穿越山谷的豪迈，感受各有不同。但作家这样充满想象的文字在于提醒我们，成功挑战艰难的事情所收获的快乐，与轻轻松松完成一项任务的成就感和愉悦感，孰大孰小不言而喻。我们成长的速度，又往往与我们挑战任务的难度有关。所以，大烦恼才能有大乐趣，大问题才能有大成就。更重要的是，如果你仔细去挖掘教师这个职业的内在魅力，就会发现它实在美丽！我可以说，世界上没有比教师更美的职业。

教师是一个能够把人的创造力、想象力等全部能量与智慧发挥到极限的、永远没有止境的职业。世界上最复杂的，是人。教师职业面对的是最深邃的世界——人的心灵。作为教师，我们每天拥抱一轮新的太阳，同时，我们更是每天面对着个性迥异的孩子，拥有无限潜力的生命。他们当中存在着无限的可能性。你的精心照料与哺育，就是帮助他们挖掘自身的无穷潜力，激发他们不可限量的能量。他们，会远远超出你想象。所以，教师职业的不确定性、挑战性固然为我们的工作增添了许多困难，同时也更增添了魅力。

教师是拥有自由支配时间相对较多的职业。除了大家共同享有的周末和节假日外，教师的暑假、寒假等，加起来的假期比其他职业长得多。在这样一段自由的时间里，教师可以做很多自己想做的事。恩格斯曾经说，一个人最大的发展境界，是能够有最多的闲暇时间从事自己想做的事情。教师如果能够充分利用这段时间去做自己想做的事情，无论是寄情山水，还是琴棋书画，或者从事研究，都比其他职业更加便利，而且这份劳作还将同时潜在滋养着你的教育工作，能获得双重的收效与享受。

教师是能够把专业知识最直接地用于家庭，让家庭与事业双丰收的职业。有人说，教师和医生是两个与人最近、与家庭最近的职业。的确，医生和教师，恰好服务着人的身体与心灵两个层面。教师的专业素养、教育智慧，不仅能够使他的学生受益，也能够同时使自己的家人受益。教室里的孩子和自己的孩子、亲人的孩子，教师都可以给予最直接具体的帮助。难怪许多人找对象也特别喜欢找教师呢。

教师是一个相对稳定的职业。作为准公务员管理的一支队伍，《教师法》等国家文件已经明确保障了教师的基本待遇。随着时间的推移，教师的重要性和国家对此的保障都在不断加强。这种稳定不仅体现在物质上，还体现在给人带来一种相对而言更为从容的精神状态，会让人更为宁静幸福。

我们的心态与我们的工作性质固然有关，但是更与我们对职业的理解有关。你看到的世界，往往是你想看到的世界。我曾经说过，教育的神圣寓于教育的平凡之中。把教育看得过分神圣，会忽视它的平凡，远离它的真实。把教育看得过分平凡，又会忘记它的神圣，丢弃它的使命。我们每一天都在神圣与平凡中行走，应该认识教育的这种特性。

记得我在大学教书的时候，有些学生在离校时请我给他们留言。当时我写得最多的一句话就是："挖掘你生活中、你职业中的内在魅力。"为什么我要写这句话呢？因为对我们每个人而言，职场是我们生存和发展的基本空间，职业是影响我们人生幸福指数的重要因素。你是厌倦它还是喜欢它，对整个心理的发展，对你的幸福感、成就感的获得，都是至关重要的。你不爱这个职业，这个职业也不会爱你。你不爱教师这个职业，你就不能从教师这个职业中获得乐趣。所以，理解职业，发现教师职业的内在魅力，应该是做好教师的第一要务。

是的，在现实的职业排名榜上，教师职业可能永远达不到最前列，但我相信，一个从职业中收获幸福的老师，一定是在自己内心的职业排名榜上，把教师职业排在最前列，而这样的老师，也一定是一位优秀的教师！

所以我觉得，教师应该努力挖掘教师职业的内在美，从而坚信自己所从事的是一个影响人的一生的、值得为之奋斗一生的事业。这样，你才会爱它，才会全身心地投入。只有爱，才能赢得爱。你爱教师这个职业，教师这个职业也才会爱你，你才能获得事业上的乐趣。你爱学生，学生也才会爱你，也才会让你在和他们的交往中看见成长的美妙，忽略大大小小的烦恼。如果你能够真正地把爱给所有的孩子，真正地用心对待自己的每一次讲课、每一次与学生的沟通，你一定会感受到当老师的乐趣、体验到做教育的幸福。挖掘职业魅力，自然收获美丽。你一定会惊喜地发现——

教师生活原来可以如此美丽！

你的朋友：朱永新

先做个让学生瞧得起的老师

——如何抵达教师职业的四重境界？

朱老师：

人们常常说老师要做红烛、要做春蚕。可我觉得，事实上这是一个非常高的标准。我给自己树立的标准是做一个让学生瞧得起的老师。在我的周围，有一些老师，连学生都瞧不起他。我觉得，这些人其实根本没有资格做老师。做一个教书匠，做一个混日子的老师很容易，但要做一个真正让学生瞧得起的老师，也不是一件容易的事情。您同意我的观点吗？

老师：

长期以来，我们的教师观多少有些问题。我们一直强调教师要有奉献精神，教师是红烛，要燃烧自己，照亮别人；教师是春蚕，要吐丝结茧，到死方尽。我们一直认为教师的价值要通过学生的成绩体现出来，而不能直接从教育生活中、从自己的职业生涯中来获取幸福感。我觉得这是不对的。

我一直主张，教师要能够从每一天日常的、琐碎的、平凡的生活中得到满足，能够从自己的成长中得到满足，能够从与孩子的交流中得到满足。教育应该让教师能够非常愉悦、非常快乐地过好每一天，每天兴奋地走进教室，满足地走出教室。教师应该每天能够通过和学生之间心灵的交流、通过自己专业的成长得到幸福。这是非常重要的。如果教师的幸福只是来源于学生的一张试卷、一个好的分数，来源于遥远的未来，来源于学生成为人才以后，教师就不可能成为一个享受教育幸福的人，也不可能成为一个受学生欢迎的人。

其实，教师职业大致有四重境界：第一，是让学生瞧得起的老师；第二，是让自己心安的老师；第三，是让学校骄傲的老师；第四，是让历史铭记的老师。其中最基础的境界，就是你信中提到的做一个让学生瞧得起的老师。

是的，一个老师，如果连学生都瞧不起他，就没资格做老师，也无法在学校安身立命。这样的老师不可能从教育生活中得到幸福，就算勉强留在学校，日子肯定也会过得非常痛苦。

如何做一个让学生瞧得起的老师？简单来说，就是陶行知先生说的那八个字："学高为师，身正为范。"

学高为师，就是要把课上得好一点。上一堂好课并不那么容易。要让学生佩服你，就要看你对课程、课堂的理解。你的课堂效率是不是高？你的讲解评点是否深入浅出学生能懂？很多老师不是这样提高自身素养，而是大搞题海战术，把学生搞得苦不堪言，使他们对这门知识、对这门学科的兴趣丧失殆尽，自然谈不上学高为师。当然，学高为师并不是指老师任何方面都比学生强，而是作为一个老师，用心去写每一个教案，用心去教每一门课，用心去布置每一道题目，是最基本的素养；一旦遇到自己不懂的问题，能够和学生平等热切地共同求索，不必要求自己成为全知全能者，但自身要有着求知的热情与能力。

身正为范，就是要对自己要求高一点。老师的言行，是学生活生生的教科书。为人师表，才能引导学生向正确的方向前行。教师应该是一个主动帮助别人的人，应该有一颗善良的心，有一种悲天悯人的情怀，对弱者有着天然的同情。你不能对学生之中发生的各种事情视而不见，你应该关爱孩子们，尤其是关注班级里那些看上去最不可爱的学生。无论是家境贫寒的、父母离异的或者是学习面临着困难的孩子，他们在日常的学习和生活中会呈现种种障碍，甚至会引发班级里的种种问题和矛盾。但他们也正是最需要你关注的。把爱献给这样的学生，这样的情感不仅会感染他们，会令这样的孩子们喜爱，也会令其他的孩子敬佩。孩子们会想，不管结果怎么样，我们的老师用心了、尽力了。这个要求其实并不高，只要用心去做，我们都能做到。

当然，仅仅让学生瞧得起，还是不够的。还要努力做一个让自己心安的教师，一个对得起自己良心的教师。老师这个职业，是吃良心饭的职业。我们怎么去评价老师？很难。各种各样的评估，一张又一张试卷，也无法真正了解教师。只有老师内心才真正了解自己——我是不是真正用心？我是不是真正尽力？我是不是对得起面前的孩子们？社会把他们托付给我，他们的父母把他们托付给我，学校把他们托付给我，我是不是对得起这样的信任？我心安吗？

或许，评价一个老师好不好，复杂的表格和程序难以测量，倒是有个最小的行动可以估量：教师节的时候，看一看已经毕业了的学生会有多少记得给以前的老师送束鲜花、打个电话甚至来看望一下老师，这样的学生越多，这样的老师越好。在校生送多少鲜花，也比不上毕业多年的学生的鲜花一朵。如果学生离开你就再也想不起你，那你就应该及时反省。要做一个让学生一辈子记住、一辈子怀念的老师，这样的老师才算做到家了，才算可以心安理得，也就对得起这一生，对得起做老师这么一个良心活儿了。

让自己心安，并没有那么容易。公众的指责，你可以视而不见听而不闻。因为它是外界强加给你的，甚至还可能是错误的，历史老人就经常开这样的玩笑。良心的谴责，你必须认真面对，因为你永远无法逃脱。对得起自己的良心，才能够做到任何时候都心安理得。

教师的第三重境界，是做一个让学校骄傲的老师，让学校为你而感到荣耀。每所学校每年都要评先进，评优秀的老师、评感动全校的老师，这些老师往往使学校因为他们而骄傲。我们每个人都是个体的人，同时也是集体的人。过去我们对学生讲，“今日我以母校为荣，明日母校以我为荣”。实际上，对每位老师也应该提出这样的要求，也应该寄予这样的期望。如果一个老师可以做到在学校里很难被取代，如果走了，短时间内找不到人来顶替你，那么，你自然是一个学校非常需要、校长非常赞赏、同事非常想念的人。

一个人，在一个地方，在一个单位，能够被人们记在心里，真的是很了不起的。这种不可替代，并不是指我们的工作岗位很特殊。其实，我们每一个人都有一个岗位，每个岗位都可能成为不可替代的岗位。也就是说，换了一个人，他做不到你那么精致，他做不到你这么富于创造性。任何一个岗位，哪怕是一个普通的门卫，都可以做到这一点。我经常讲，一个好的门卫，就是学校的一扇窗，因为每个人每天都要从大门进出，门卫的言行举止，每一个表情，最后给人心中留下的印象，不仅代表门卫本人，也代表这个单位。即使是一个清洁工人，都可以做到不可替代。因为我负责的这个卫生间、我负责的这间教室，我对它的呵护、打理、珍惜，做到了不可替代，任何一个人都做不过我，我就是第一，我就是这个领域的专家，学校同样应该以我为荣。就像香港大学把“荣誉院士”的称号授予 82 岁的清洁工袁苏妹，表彰她 44 年如一日地为学生做饭、扫地，悄悄地为生病的学生煎凉茶、为熬夜的学生煲鸡汤，“对高等教育界做出独特的贡献，以自己的生命影响大学堂仔的生命”。在清洁工的岗位上尚且可以如此，何况教师呢？

总之，每个岗位都可以做得精彩，每个舞台都可以创造辉煌。每一个岗位，每一个科目，只要用心去做，都能做好，都可以让学校引以为荣。很多人做不到这一点，只是因为经常这山看着那山高。学会从自己的职业、从自己的岗位中去提升自己，把工作做到极致，就能够实现第三重境界，让学校永远记住你，让学校以你为傲。

最后的一重，当然也是难度最大的境界，就是做一个让历史铭记的老师。从一所学校来看，学校文化的最高境界，就是创造了自己的故事和传奇。而学校的故事和传奇，依靠老师的故事与传奇。正如当年清华校长梅贻琦在就职演讲中提出的："所谓大学者，非谓有大楼之谓也，有大师之谓也。"学校靠一个个的人承载着历史。因此才有昔日的西南联大，尽管现在学校已经不复存在，但由于它出了几十个院士，由于它出了一批让历史铭记的大师，所以这所学校依旧被历史铭记。浙江的春晖中学也是如此，当时它聚集了一大批中国文化史上的巨匠，一大批文化名人都在这个学校学习过、讲演过、工作过，这些人的故事最终成就了春晖。被历史铭记，就意味着你的人生传奇、你的精神生命将会长久地陪伴和鼓舞着更多人前行。

事实上，这四个境界，也就是四级阶梯，它是连贯的。起初你做一个让学生瞧得起的人，然后再努力做一个让自己心安的人，接着你要求自己成为让学校感到荣耀的人，那么你就很有可能成为一个让历史铭记的人。

所以，我很欣赏你提出的这个最低的要求——让学生瞧得起。我也是这么要求自己的，从做老师的第一天开始，我就希望自己和学生们在一起，学生生病的时候我和他在医院里，学生打球时我和他们一起在操场上。现在，我在大学第一年教书时的一些学生，仍然与我保持着联系。我到现在仍然还是一个老师，仍然和所有老师一样，就这样教学相长地一步步往前走着。

当我们能够不混日子，愿意努力成为一个让学生内心瞧得起的老师，当我们在这样的起点上，一步一步坚持往前走着，从每件小事开始，一件一件坚持不懈地做着，当我们用心书写着自己每一天的历史，从教学中得到了成长，收获着幸福，也就是在不知不觉中沿着阶梯继续攀登。

你的朋友：朱永新

我们还需要教育理想吗?

——做一个现实的理想主义者

朱老师：

前不久学校给我们发了一本您的《我的教育理想》，读了以后热血沸腾。觉得做一个理想的教师，办一所理想的学校，做一种理想的教育，像您提倡的那样，过一种幸福完整的教育生活，是多么美好呀！但是，与一些老教师交流，他们往往会教训我，哪来那么多的理想，把分数搞上去才是硬道理！朱老师，我们究竟还需要教育理想吗?

老师：

很高兴收到你的来信。你提出了一个非常重要的问题——我们还需要教育理想吗?

《我的教育理想》一书出版后，受到了一线教师的热烈欢迎，先后重印二十多次，成为中国教育理论著作的畅销书。许多朋友说，这两本书之所以受到欢迎，是因为它唤醒了教师的教育理想，点燃了教师的教育热情。理想，毫无疑问是这本书的主题词。

这本书后来一度更名为《新教育之梦》重新出版，尽管后来没有使用这个书名，但毫无疑问，这本书比较完整地记录了我对教育的思考，是新教育实验的萌芽。与这本书的情况非常相似，新教育实验在全国各地也有着燎原之势，迄今全国所有的省、市、自治区都有加入新教育实验的区、校、教师，共有 2246 所学校在不同程度地践行着新教育实验的探索。之所以如此，也是因为新教育实验吸引了一群视教育如信仰般有理想有情怀的人。理想，同样是新教育实验的灵魂。

当下，理想似乎是一个贬义词，经常被用来形容一些不切实际的想法。有这些想法的人，往往被称为“理想主义者”。我就经常被人评价为“理想主义者”。但是，我从来没有讨厌过“理想主义者”这个称谓，因为理想在我心中从来都是神圣的。记得二十多年前，我在苏州大学担任学校规划委员会委员，提出学校规划要考虑建车库，当时笑声一片。现在，苏州大学校园里已经车满为患了。十年前，我在政府常务会议上提出要控制苏州古城的汽车数量，得到的响应也不多。现在，苏州城的汽车数量与拥挤程度，也有些让人担心了。我在全国政协担任常委期间提出的许多建议与意见，也经常在“理想主义”的评价中没有成为行动……当理想遭遇现实，总会有碰撞，总会有较量，否则，理想如何能够称之为理想？我仍然认为，理想，值得坚守，也必须坚守。

教育与理想是一对孪生兄弟。教育是培养人的事业。人是物质与精神的统一体，人不同于其他动物的重要特点是人的精神性。人的精神性注定人不仅仅是为了当下而活着，支撑人活着的往往是理想，而人的生命价值，也往往与理想有着密切的关系。宋代哲学家张载说过：“志大，则才大，事业大；志久，则气久，德性久。”西方心理学的研究也表明，人的成就与理想有着直接的关系。人的理想层次越高，成就也就越大。

我一直认为，理想的教师的第一个条件，就是要有教育理想。教师走上工作岗位以后，必须为自己设置一个一生为之奋斗的目标。只有设置这样一个目标，才会不断增强责任意识和使命感，才能不断地进行自我挑战，否则就会走弯路，就会荒废时间及精力。

著名作家雨果曾经说过：“世上有一种东西比所有的军队都更为强大，那就是恰逢其时的一种理想。”联合国教科文组织二十一世纪教育委员会在它的报告中更是明确提出了“教育：必要的乌托邦”这一命题。中央教育科学研究所原所长朱小蔓也说过这样一段话：“人活着太需要支撑我们生活的东西，太需要为我们每一天的生活得到鼓励和依据的东西，所以我们需要寻找自己为人做事的原则、信念乃至方式。”对教师来说，这个“乌托邦”，这个“支撑我们生活的东西”、这个“为我们每一天的生活得到鼓励和依据的东西”，就是我们的教育理想！我们千万不能低估这种“恰逢其时的理想”的力量。

一个优秀的教师，应该天生不安分、会做梦。对于一个优秀的教师来说，教育的每一天都是新的，每一天的内涵和主题都不一样。教师只有具有强烈的冲动、愿望、使命感、责任感，才能提出问题，才会自找“麻烦”，也才能拥有诗意的教育生活。诗人是要有灵感、悟性和冲动的。真正的教育家也应具备诗人的品格，永远憧憬明天。冲动停止，教育就会终结。当生活没有梦时，生命的意义也就完结了，教育就没有了意义。

有一天，我在网上看见了一位普通的新教育老师说：“凡能发光的人，必定在内心燃烧了自己。”我非常感慨。的确，理想是生命能够焕发光彩的核心。甚至可以说，人和人 99% 的部分都是相同的，唯一的区别在于有没有理想、有着怎样的理想。每个人都是一个发光体，都可以为这个世界带来光明。但如果他的内心没有被一种理想所鼓舞，被一个事业所激动，如果没有为这种理想和事业心有戚戚、念兹在兹，他就不可能真正燃烧自己，也就不可能真正地发光。

真正拥有理想，就必然会激发起全部力量，挖掘出更多潜力，开创未来。否则，即使你拥有世界上最好的船只，也会因为没有明确的航行方向，而遭遇最险恶的风暴。只要上路，就会遇到庆典。正确的方向，加上灵活应变的策略和锲而不舍的坚持，总能够到达理想的码头。方向比努力更重要——理想就是方向。

之所以理想屡屡被人误解甚至讥嘲，我想，那是因为很多人忽略了与理想相伴的另一个词：坚守。

我一直用“戴着镣铐跳舞”来形容我对于坚守教育理想的理解。我们经常会有一百个理由让自己放弃教育理想，把放弃的原因归结为社会大环境或学校内部的小环境。随波逐流是最容易、最轻松的事情，而坚守理想，就要耐得住寂寞，就要淡泊宁静，就要相信未来。

许多校长和教师经常低估了自己的力量，低估了理想的价值。我经常对校长和教师说：“当你无法改变社会，无法改变别人的时候，你唯一可以改变的就是自己。而只要你真正地去改变自己，其实你就是在改变别人，就是在改变社会。”不要以为教师在三尺讲台上没有什么作为，他影响着几十个生命！一个教师，如果能够真正地影响几个学生的生命，真正地走进他们的心灵，真正地成为学生生命中的“贵人”，他的生命就是非常有价值的了。而这一点，我相信是所有教师都可以做到的。在现实中，许多教师选择了放弃，“非不能也，乃不为也”。

所以，真正的理想，必须扎根于现实的土地，在坚守中成就理想。所以，与真正的理想相伴的，应该是行动——智慧的行动、坚韧的行动。追求教育理想、享受教育幸福的路途中，只要行动就有收获，只有坚持才有奇迹。要想行动成功，有一个重要秘诀是共同体。理想是追逐理想的，理想与理想会产生共鸣，理想需要理想的支持。你有一个思想，我有一个思想，我们的碰撞交融，就能够成为更加丰富的思想。你有一个理想，我有一个理想，我们的理想在现实的土壤里根系相连，共同的理想就有更加强大的力量。因此，新教育实验倡导“共读共写共同生活”，倡导教师在共同的理想下彼此学习彼此帮助，过一种幸福完整的教育生活。

所以，如果需要更加清晰地界定，我可以说：做一个现实的理想主义者，就是我的理想。无数的事实告诉我们，坚守理想的人会收获生命的奇迹。从这个意义上说，新教育又是播种理想的事业。新教育人执着地认为，作为教师，我们不仅应该具有教育理想，还应该把理想的种子播在学生的心中。只有我们的孩子心怀理想，我们的民族才会有希望。

教师还需要教育理想吗？这其实是许多老师面对现实的困惑。我想，面对孩子，面对世界，教师需要一颗永远年轻的心。理想其实是青春的表征。有理想的人永远不会老去。有的人很年轻但没有理想，他其实已经老了。有的人很年长但心存理想，他依然年轻。不断地追寻人生的理想，不断地追寻生命的意义，不断地挑战和超越自己——我必须说：教师，是最需要拥有理想的人。

你的朋友：朱永新

教师的幸福从哪里来？

——如何享受你的教育生涯？

朱老师：

曾经读过您的《我的教育理想》，为您描写的理想教师的模样而心潮澎湃。但是，在现实生活中，我们却经常会忙于上课、批改作业、解决学生的各种问题，感到疲惫不堪。请问，做教师的幸福感究竟从何而来？

老师：

你问了一个非常好的问题。人生一场，就是为了追寻幸福而来的。作为教师，当然也不例外。

其实，这样的问题不知道有多少人提出过。据说曾经有人问一位大师："幸福在哪里？"大师回答："幸福就是从自己的哭声中开始，又在别人的泪水中结束，这中间的过程就是幸福。"众人都不解其意。大师继而讲了一个故事。

> 一天，神对一个有名望的人说："你的车子、房子等所有的财产都是我给你的，今天我要全部取回。"名人一看，神的旨意不可违，只好奉还了所有家当，从此他变成了一个两手空空的穷人。过了几天，神又过来对他讲："你的妻子、孩子、朋友也是我给你的，我也要取回去。"无奈，名人只能从命，变得孤苦伶仃。又过了一些日子，神再次到来，说："你的身体、血液、骨髓也都是我给你的，我也要取回去。"名人诧异地问："那什么才是属于我的东西呢？"神答："有一样东西是别人永远都无法拿走的，这才是真正属于你自己的东西——那就是生命中你曾经爱过的、恨过的人和经历过的所有事情。而这些，才是真正永久属于你的幸福！"

大师的故事讲完了。但故事里神的回答还是不能让我满意。在我们的生活中，每个人都会经历爱与恨，都会有许多人生的体验，但所有的事情中，真正能够让人刻骨铭心、回味无穷的东西，才有可能是幸福——当然，也有可能是痛苦。经历痛苦与体验幸福可能是一个问题的两个方面，在这个意义上说，两者都可以说是幸福。

那么，对于我来说，什么是让我刻骨铭心、回味无穷的东西呢？答案只有一个：教育。

我曾经写过一篇文章，题目就叫《教育，我的至爱》，我也写过一本书，书名就是《享受教育》。我是一个集学生、教师、教育研究者和教育管理者身份于一身的人，教育是我生活中最重要的内容，也是我生命中最重要的事情。

应该说，幸福是一种感觉。左拉说："每一个人可能的最大幸福是在全体人所实现的最大幸福之中。"穆尼尔·纳素夫说："真正的幸福只有当你真实地认识到人生的价值时，才能体会到。"拉美特利说："有研究的兴味的人是幸福的！能够通过研究使自己的精神摆脱妄念并使自己摆脱虚荣心的人更加幸福。"罗佐夫说："人在履行职责中得到幸福。就像一个人驮着东西，可心头很舒畅。人要是没有它，不尽什么职责，就等于驾驶空车一样，也就是说，白白浪费。"罗曼·罗兰说："创造，或者酝酿未来的创造。这是一种必要性：幸福只能存在于这种必要性得到满足的时候。"果戈理说："如果有一天，我能够对我们的公共利益有所贡献，我就会认为自己是世界上最幸福的人了。"徐特立说："一个人有了远大的理想，就是在最艰苦困难的时候，也会感到幸福。"别林斯基说得更彻底："幸福，假如它只是属于我，成千上万人当中的一个人的财产，那就快从我这儿滚开吧！"

这些关于幸福的名言妙论尽管各不相同，但基本揭示了幸福的基本特征——幸福应该是在创造中的，幸福应该是在服务中的，幸福应该是在研究中的，幸福应该是与别人分享的。教育，恰恰具有这些共同的特征，因此，教育是让人们幸福的事业。教师从事着这个让人幸福的事业，自然也应该从中得到幸福感。

人的幸福大概有三个重要的来源。一是人与外部物质世界的关系。人有基本的生存、安全的需要，衣食足而知荣辱，基本物质生活的满足是幸福的来源之一。但是，当人把物质追求当作幸福的唯一来源时，他就失去了真正的幸福。物欲是没有止境的。二是人与人的关系。人是社会动物，人有基本的交往的需要、获得成就的需要，良好的人际关系、较高的社会地位是人的幸福感的重要源泉。但是，当人把人际关系、名誉地位视为唯一追求时，他也失去了真正的幸福。我们不可能总是为别人而活着。三是与自己的关系。人是精神的动物，人有自己的精神世界。如果一个人有宁静的内心生活，他就真正地找到了幸福。

人如何矫正、调和与自己的关系？很大程度上，是依靠自己的工作。

教育这项工作，是复杂甚至繁重的，很多人都认为是这个原因让老师丧失了幸福感。可是，新教育的许多老师，工作量并不小，甚至比其他老师更重。因为，他们需要专业阅读，专业写作，需要投入更多的精力在工作之中。但是，他们的精神状态和幸福指数，往往比一般的老师要好得多。这又是什么原因呢？

我曾经在河南焦作参加过新教育的教师沙龙。其中有一个叫作麦苗青青的老师，为《幸福在哪里》的歌曲现场编了这样的歌词：

幸福在哪里，
朋友啊告诉你，
她不在教鞭下，
也不在分数里，
她在诗意的晨诵中，
她在美妙的午读里。
啊，幸福就在你闪光的暮省里。
幸福在哪里，
朋友啊告诉你，
她不在灯光下，
也不在题海里，
她在温馨的共读中，
她在快乐的共写里，
啊，幸福就在咱共同的生活里。
幸福在哪里，
朋友啊告诉你，
她不在名利下，
也不在地位里，
她在悲悯的情怀里，
她在合作的精神里，

啊！幸福，就在这全新的教育里！

作为新教育实验区，河南焦作有一批洋溢着幸福感的教师。网名叫作“大杨树”的老师这样写道：“接触新教育，走进新教育，我们就过上了一种全新的幸福完整的教育生活。从晨诵，到午读，再到暮省，没有了往日的埋怨，没有了今日的唠叨，没有了以后的忧虑，只有对现在教育生活的把握。一切繁杂，我们都让它归于平静；一切匆忙，我们都让它归于安宁。静静地做着一份让自己沉醉的教育工作，是我们现在最大的幸福。”

我特别赞同罗丹的一句话：“工作就是人生的价值，人生的欢乐，也是幸福之所在。”很多人把工作视为谋生的手段，这当然也对，但只是最低层面的意义。从时间看，工作占据了一个人一生中最美好的一段光阴。从结果看，工作最后呈现了一个人一生创造出的价值。因此，真正的工作意味着创造自我，实现自我，并因此而幸福。

是的，在这个意义上，工作再艰苦，如果你真正喜欢它，它就绝对不会伤到你。工作着的人是最美丽的。艰苦的工作不仅代表着工作任务非常艰巨，同时也预示着工作的前景非常美好，值得我们为之努力奋斗。艰苦的工作不仅不会伤害那些热爱它的人，而且能给我们更大更高的额外的奖赏。

从实现自我的角度看待工作，会对所做的事产生强烈的认同感，也就是信念。信念在人生中的重要性，尤其是在赢得幸福中的重要性，其实是被绝大部分人忽略的。每个人都会遭遇到挫折与挑战，信念越坚定，渡过难关的力量越强大。拥有信念，追寻梦想的过程就会成为享受，遇祸终化福，遇苦也是乐。

所以，如果能够发现并认可每天平凡工作的价值与意义，坚持不懈地在工作中实现自我，那么，无论是用心地研究学生成长的案例，及时记录自己的生活，还是和同事共读共写、共同探讨，都能够感受到成长的快乐。每一个普通的时刻，都会焕发不一样的光彩，每一个平凡的日子，我们都能与幸福相伴。

你的朋友：朱永新

先生首先是学生

——如何应对自己不如学生的困境？

朱老师：

我是一名有着10年教龄的老师。刚刚做教师的时候，初生牛犊不怕虎，总觉得自己比学生懂许多。最近有一个特别的感觉：做教师越来越难了。他们说的许多话，我听不懂；他们中一些人在某些领域的知识，远远超过了我。我变得越来越没有信心了。过去讲我们老师要给学生一杯水，自己要有一桶水。我们用心地准备一桶水就是了。在课堂里，我们总是比学生知道得多一些，多少还是有自信的。但是，现在可完全不同了，学生懂的我们未必懂，学生知道的我们可能不知道。朱老师，我们究竟该如何应对？

老师：

你所说的非常有代表性，你的问题也是当下许多老师的困惑。

其实，古人早就说过，师未必贤于弟子，弟子未必不如师。更何况现在我们已经进入了"后喻社会"的信息时代，学生学习的时间、空间、方式都发生了巨大的变化，学生知道的我们不知道，对我们来说不是什么可怕的事情。真正可怕的是，作为老师，我们失去了学习的激情，失去了学习的习惯。

我曾经说过，理想的教师，应该是一个勤于学习、不断充实自我的教师。用进废退是一个重要的规律。学习对于头脑，就像运动对于身体一样。身体，通过不断的运动更加强壮；智慧，通过阅读等学习的活动得到发展。勤于学习，充实自我，这是成为一名优秀教师的基础。一个理想的教师，一个要成为大家的教师，一个想成为教育家的教师，必须从最基础的做起，扎扎实实地向书本学，向实践学，向同事学，向学生学。学习，教师最重要的任务是学习。这也是叶圣陶先生说"要做先生先做学生"的原因所在。

其实，作为老师，在某些方面不如学生是正常的。两千多年前的《学记》就讲过“教学相长”的道理，一千多年前唐代的韩愈也说过“弟子不必不如师”。看来，要把“老师”这个称呼改为“老学”了。“老学”才能成为“老师”。

西方学者莫纳科曾经把人类的历史分为四个阶段。第一个是表演时期。人们通过语言和动作交流，这也是口头表达时期。第二个时期是表述时期。人们除了使用语言，还可以通过文字书写（包括印刷）来交流。第三个时期是记录传媒时期。人们用相机、摄像机之类的机器捕捉记录信息，再通过现代出版机构传播出去。第四个时期是电子和数码时期。人们通过计算机和网络来记录和传播信息。他认为，在人类历史近 95% 的篇幅中，人们仅能通过声音和动作交流，极大地限制了知识的力量发挥和灵活使用。文字的出现引发了人类世界观的第一次重大变革。而新近的计算机和网络时代，更是改变了人类的世界观。

根据莫纳科的分期，教育上也有完全不同的表现形式，教师的角色也发生了许多重要的变化。

在第一个时期，人类的经验是口耳相传的，作为长者的“老师”自然比学生们懂得更多。

进入第二个时期以后，由于有了文字，在识字以后，学生就与老师站在了同一个起点上。但是由于知识传播的渠道相对单一，文本仍然是主要的认识世界的路径。老师的地位仍然难以挑战。

进入第三个时期以后，随着工业革命的兴起，印刷业、传播业的发达，人类知识开始出现爆发性的增长，教师拥有的知识陈旧速度大大加快了，教师的权威自然也受到了一定的影响。

真正的变革，是从进入第四个时期开始的。这个时期，互联网、慕课、微课程、手机端等各种新媒体的出现，让知识与信息唾手可得，非常便捷，按照剑桥大学教师麦克法兰的说法，在这样一个时代，“在线讲座、图书馆和维基百科使大量资源触手可及，推翻了权威性和一致性，削弱了大学这样的正规机构的垄断性。这是一个快速发展的达尔文式丛林社会，充满随机变异和优胜劣汰”。这个时期，就出现了你说的：学生说的，你完全不懂；学生知道的知识，你完全不知道的情况。

面对这种情况，唯一的选择就是学习，就是与学生一起成长。教师不仅要向书本学，还要向实践学，要努力理解孩子的世界。成人世界和孩子世界是不一样的，孩子们的世界有独特的色彩、旋律和内涵。教师要和他们一起喜怒哀乐，要和他们共同成长，要成为他们中的一分子。教师需要有一颗非常年轻的心，才能与他们沟通，才能理解他们，才能够得到他们的爱。可是我们一直主张师道尊严，鼓励师生之间有距离感。中国传统教育有很多好东西，也有一些不好的东西，过于强调师道尊严就不好。

“无贵无贱，无长无少，道之所存，师之所存也。”（韩愈语）只有怀着“与学生一起成长”的心态，只有成为学生中的一员，我们才能够让自己有更加年轻的状态，更加积极的姿态。

与学生一起成长，首先是要有成长的渴望，有成长的内在需要。

与学生一起成长，其次是善于终身学习，向书本学，向学生学，向实践学。

与学生一起成长，再次是努力成为有特点有个性的专业型教师。我们不必在所有方面超越学生，这是不可能也没有必要的。但是，我们应该努力成为某一个方面的专家，成为学生崇敬的人。

最后，也是最重要的，与学生一起成长，会让你找到职业的尊严和乐趣。因为，只有成长，才能够幸福。

你的朋友：朱永新

站在大师的肩膀之上
——如何进行专业阅读?

朱老师:

我知道老师应该继续学习,尤其是应该有阅读的习惯。但是,当上了老师,毕竟已经有了一份职业,不像做学生的可以全神贯注地学习。我该怎样阅读,才能更有效率呢?

老师:

正像你说的,教师的学习,首要就是向书本学,就是阅读。

世事洞明皆学问,人情练达即文章。实践当然是我们学习的重要途径,尤其是关于人生的学问,应该在人生中,向有经验的人请教学习。但任何人的经验总是有限的,最伟大的经验,往往保存在最伟大的著作中。读书,就是与最伟大的智慧对话的过程,就是在获得智慧的过程中发展智慧的过程。任何一个教育家都不可能离开前代人的教育财富。在一定意义上可以说,我们是在用我们的时代语言,用我们的生活阅历,同过去的大师们进行心灵沟通,阐释我们对教育的理解。

2013 年,我在中央党校 2013 年春季学期开学典礼上听习近平总书记讲过一段关于阅读的话。他说,只有读书学习,才能增强工作的科学性、预见性、主动性,使决策体现时代性、把握规律性、富于创造性。他的这番话虽然是对领导干部说的,其实对教师也特别有现实意义。作为教师,你跟其他专家不一样,需要各方面的知识。一个知识面不广的教师,很难真正给学生以人格上的感召力。孩子年龄越小,对教师的期望就越高,就越是把教师当作百科全书。在他们眼里,教师是无所不知的,如果教师是一问三不知,他们就会非常失望。所以在阅读上,教师应该注意完善自己的知识结构。

我曾经对参加新教育实验的老师们说,在他们教室里正在发生的事情,在别人的教室里早就发生过，在另外一些人的教室里还会继续发生。不善于读书学习的教师，总是拿着一张教育的旧船票，每天重复昨天的故事。而善于读书学习的教师，就能够从前人的教室吸取经验教训，通过阅读不断思考，在大师的肩膀上攀升。事实上，很多教育家只不过是把别人的精神财富应用到自己的教育实践中，在此基础上提出很多理论上的共鸣而已。你要自己去摸索，找到理论上的支柱和共鸣。现在不少教师找不到感觉，找不着“北”，就是因为缺乏支柱。

当然，教师读书不仅仅是为了工作，也是为了人生。人生短暂，我们来到这个世界上，不是为了赚多少钱，也不是为了当多大官，因为这些东西你是带不走的。那么，我们是为什么而来？陶行知先生说，人生为一大事来。我经常把这件大事理解为“看风景”。人类有两种风景可看，自然的风景和精神的风景。行万里路，是为了看自然的风景；读万卷书，是为了看精神的风景。腿不能够到达的地方，眼可以到达。自然的风景是有限的，精神的风景是没有边际的，这才是无限风光的顶峰。人生真正的财富，是精神的财富。在我们离开这个世界的时候，唯一可以带走的，就是精神的财富。

而且，教师不要以为人生境界与教书关系不大。你在教室里的一言一行，都是学生眼中鲜活的教科书，都会透露出你人生境界的气息。你的阅读生活，绝不仅仅是帮助你获得知识，获得教育的智慧，也许更重要的是帮助你拥有宁静的心态、儒雅的姿态、积极的状态。

我曾经说过，教师应该有三历：学历、经历和阅历。学历，是经过正式的学习历程取得的文凭，它是一种外在的符号，但是多少象征着我们学习的时间与旅程。经历，是我们的人生履历，是我们走过的路程。而阅历，我更多地理解为阅读的过程。这“三历”是一个有机的联系。不一定将名山大川都走遍，行万里路和读万卷书，其价值是一样的。我们要鼓励教师成为一个探索自然、热爱自然、热爱生活、热爱人类的人，要培养这样一种心境，才能教育好孩子们。

很多老师对我说，他们知道学习的意义，知道阅读的价值，但就是工作太忙，“眼睛一睁，忙到熄灯”。看似有理，其实不然。自来水是压出来的，时间是挤出来的。试想某一天，你生命中最重要的人突然约你相见，你会不去吗？肯定会想方设法相见。我认为，阅读就是我们生命中最重要的这个人。认可这一点，就一定能找出时间。重要的事情，总是有时间做的。以工作忙为借口，是因为你还没有把阅读作为自己人生中最重要的事情。

时间抓起来就是黄金，抓不起来就是流水。对读书来说，尤其如此。早晨早十分钟起床，可以挤这十分钟读书；晚上少看一点电视，翻几页书应该可以做到；节假日休息时，推掉一两个应酬，就有了整块时间。我还习惯在自己的车里放上大量的各类书籍、报纸杂志，坐上车就拿起来看两眼、翻几页。不能小看这十分钟、这几页书，阅读像爬山，不怕慢，只怕站。

老师们应该读什么书？古人讲的“开卷有益”，现在已经值得我们质疑了。在这信息爆炸时代，我们不可能所有书都看，许多书也不值得看。正如英国学者沃拉斯说的那样，“不读很好的书，要读最好的书”。人是由他读的书造就的。你读什么样的书，就会成为什么样的人。世界上的书浩如烟海，仅仅中国每年出品的图书就多达 40 万种左右。我们已经从开卷有益的时代进入了择书有益的时代。读最好的书，做有根的人。与最好的书对话，就是与最好的人为伍。

为此，我们专门为教师精心研制了新教育实验的教师阅读地图，为教师选择最合适的书。

在我们推荐的阅读书目中，最重要的是两大类：一是提高教师职业认同的哲学、心理学等方面的读物，一是教师所教学科的专业书。我们希望每个老师能够成为他们所教学科的虔诚的传教士，能够掌握学科的基本原理与基本知识，以及学科的历史与方法。如一位数学老师，就应该了解数学文化、数学哲学、数学历史，掌握数学课程论与数学教学论，能够引导学生像数学家发现数学那样学习。

我们希望教师要懂得教育学、心理学的基本知识。懂得自己的教育对象，了解学生身心发展的规律，掌握不同年龄阶段儿童的心理特点和面对的重要心理问题，把握学生认知形成的规律，学生注意力、记忆力、兴趣等形成与发展的特点等，也是一个优秀教师必须具备的基本功。

我们希望教师要有良好的人文素养和科学素养，有深切的人文关怀，对自然、环境，对人类命运、世界和平等，也能够深切关注。提高人文科学素养的一个重要途径是和经典对话。读经典就像交朋友，要交就交最值得交的好朋友，要读就读最值得读的好书。那些经过时间大浪淘沙积淀下来的经典，是最值得你读的。经典读多了，我们的阅读审美能力就加强了，阅读的口味和习惯也就养成了，阅读的鉴别力自然也会提高。

传记类的书籍也是我特别希望教师能够认真阅读的。按照生命叙事的理论，我们每个人的生命都是一个不断书写中的故事，每个人都是自己生命叙事的唯一主角，也是最重要的作者。能否把自己的生命故事写成一部伟大的传奇，在很大程度上取决于我们自己，取决于我们能否为自己寻找到生命的原型、人生的榜样。那些伟大的人物传记和优秀教师的传记，如《乔布斯传》《林肯传》《居里夫人传》《毛泽东传》《我的生活故事》《第 56 号教室的奇迹》《窗边的小豆豆》《夏山学校》《我是大西洋来的飓风》等，就是为我们书写传奇树立的原型和榜样。与伟大的人物对话，与崇高的精神交流，会使自己不断地汲取到奋进的力量。

管理类的图书也值得教师阅读。从本质上来说，教师也是从事管理的，管理是科学也是艺术。一些优秀的管理类图书，会让我们更加深刻地理解人性，理解学生，理解工作。如《从优秀到卓越》让我们知道，优秀经常是卓越的敌人；《如何改变世界》让我们知道，只要用心去行动，普通人的努力也可以改变世界。这些书首先是教我们“管理”自己，会让自己的生活与工作更有效率。

在工作之余，读一些优秀的文学作品，对于教师陶冶情操、丰富心灵具有重要的作用。好的文艺作品往往通过移情的作用，通过作品中人物的悲欢离合的命运，让人们的心灵受到震撼与启迪，如《平凡的世界》《巴黎圣母院》等，都是非常好的文学作品。文学作品让我们更好地认识世界，也使我们的语言更加丰富。阅读是写作和讲演的基础，熟读唐诗三百首，不会作诗也会吟。阅读那些好的文学作品，对于提高我们的表达能力与写作能力，也是大有裨益的。而这恰恰也是教师应该具备的基本功。

费尔巴哈说，人是他自己食物的产物。从身体发育来看，吃什么，你就会成为什么；从精神发育来看，很大程度上人的精神世界由他阅读的图书塑造，读什么，你就会成为什么。读书，让我们有宁静的心态、从容的心情、理智的头脑、开放的胸怀。

自己再忙也要读书，收入再少也要买书，住处再挤也要藏书，交情再浅也要送书——这是台湾天下远见出版股份有限公司董事长高希均先生的名言。忙不是不读书的理由，收入再少挤点买书钱总可以，住处拥挤床头边也可以放几本书，朋友之间来往送书，也是非常好的选择。重要的事情总有时间做。要做学生的先生，先做学生的学生。要做一个好学生，就要边教边学，认真读书。

你的朋友：朱永新

做一株伟大的芦苇
——如何学会思考？

朱老师：

我平时也很注意学习，也一直坚持阅读，但总觉得效果不好。想到孔老夫子的那句“学而不思则罔，思而不学则殆”，我想是不是因为我还缺少一些方法呢？您能否谈谈思考的意义与方法呢？

老师：

如你说的那样，思考与学习不可分割。严格来说，思考本身就是学习的过程。

法国著名思想家帕斯卡尔说，人只不过是一根苇草，是自然界最脆弱的东西，但他是一根能思想的苇草，人因思想而伟大。的确，人的肉体像芦苇一样脆弱，就像狂风巨浪足以摧毁芦苇一样，任何东西都能置人于死地。即使如此，人依然比宇宙间其他东西都更加高贵。因为，人拥有一颗能思想的灵魂，人生而平等，但人因为思想而伟大。所以，一个人是高贵还是平庸，在一定程度上是由其思想的高度决定的。

作为教师，当然没有必要要求自己成为思想家，成为哲学家，但是，应该能够成为一个热爱思考、善于思考的人，因为我们从事的工作和我们面对的学生，是世界上最为复杂的现象和最为复杂的对象。

那么，怎样才算是善于思考呢？从心理学的角度来看，善于思考主要表现在以下几个方面：一是思维的深刻性，即思维具有一定的深度，能够深入地思考问题，抓住事物的特点、本质和规律，预见事物的进程与结果。思维的深刻性与人的知识面有着直接的关系，与人的阅读水平也有着直接的联系。思维深刻的人往往不满足于一知半解，而喜欢打破砂锅问到底，非把问题搞清楚。如教师在备课时，遇到文本中许多难点，不敷衍了事、得过且过，而是把问题搞个水落石出。

二是思维的敏捷性，即思维具有一定的速度，能够在较短的时间内当机立断地做出决定，快刀斩乱麻地解决问题。所谓“眉头一皱，计上心来”，便是思维敏捷的一种表现。思维敏捷与草率莽撞不同，它往往表现为教育机智，在遇到复杂困难的教育问题时，能够拨开迷雾，敏捷而妥善地处理。

三是思维的灵活性，即思维具有一定的变通性，能够根据具体情况的变化而随机应变。教育是世界上最为复杂多变的事情。每个学生都是一个独特的世界，每个学生每天都是新的，同样的方法不能用在不同的学生身上，甚至同样的方法在不同的时候也不能够用在同一个学生身上。孔子针对不同学生提出“闻斯行诸”（听到了就要去做吗？）的同一个问题时，就给出了两个完全不同的建议。

四是思维的独创性，即思维具有一定的新颖创造性，能够独立地分析问题和解决问题。具有思维独创性的老师，往往不唯上，不唯书，不人云亦云，不依赖别人的思想和原则，不寻求现成的解决问题的方案，而喜欢别出心裁，独具匠心，提出与众不同的意见与主张。独创性与批判性是一对孪生兄弟，具有批判性的人往往容易提出独创性的意见。

作为教师，应该主动地锻炼自己的思维能力，培养自己思维的深刻性、敏捷性、灵活性和独创性，让自己成为一个善于思考的人。

思维的训练有许多方法。如思维导图，就是一种训练思维的有效方法，帮助自己建立对象间的内在逻辑与结构关系，清晰地把握自己学习的知识体系等。但最主要的一条，是我们新教育实验提出的“师生共写随笔”。

师生共写随笔，是教师和学生在生活中互相编织，用文字记录生命的成长。单独对教师而言，就是要求教师通过教育日记、教育故事、教育案例分析等形式，记录、反思自己的日常教育生活，使自己更自觉地成长。

一个人的专业写作史，就是他的教育史。我一直说，真正的思考是从写作开始的。日常生活中，随着发生的大小事件，我们随时会产生各种想法。这些想法伴随着问题的出现、对抗、解决，最终形成经验。如果不将这些经验进行总结归纳，并以相关理论进行更为清晰明确的反思提升，这些经验就会成为懵懂的习惯，在下一次类似事件发生时，指导着我们继续重返之前的模式。简单地说，经验是璞，是藏玉之石，是未雕琢之玉。如果不能将其打磨、雕琢，璞和石头就没有太大不同。有的老教师认认真真教了一辈子，之所以不能得到更好的提升，就是因为经验并未得到提升。教师的专业写作，是将粗疏的经验提炼为精确的专业能力，将浅层的教学感受深化为内心的实践洞察的最好手段。在这样的行动和书写过程中，老师日复一日打磨自身，提高自身，成就自身，同时意味着要写得精彩，不仅要做得精彩，活得精彩，更要思考得精彩，思考有深度、广度、速度。

师生共写随笔是新教育“十大行动”之一，也是最早取得成效的实验项目之一。记得在新教育早期的2002年6月22日，“教育在线”网站开通的第七天，我曾经发表过一个《朱永新成功保险公司开业启事》：

> 好消息！
>
> 朱永新成功保险公司今天正式开业了！
>
> 现在保险业生意兴隆，什么人寿保险、财产保险、医疗保险、航空保险……可谓名目繁多，花样迭出。既然那么多的保险公司雨后春笋般冒出来，我今天也来凑个热闹，开一个成功保险公司。
>
> 本公司宗旨：确保客户利益，激励客户成功。
>
> 参保对象：不限。但尤其欢迎教育界人士，因为教育的成功是中华民族伟大复兴的基石。
>
> 投保金额：不限。从数元至数千元任您自选。欢迎万元以上大客户。
>
> 保期：十年。
>
> 投保条件：每日三省自身，写千字文一篇。一天所见、所闻、所读、所思，无不可入文。十年后持3650篇千字文（计360万字）来本公司。
>
> 理赔办法：如投保方自感十年后未能跻身成功者之列，本公司以一赔百。即现投万元者可成百万富翁（或富婆）。
>
> 本公司只求客户成功，不以赢利为目的。所有利润将全部捐赠希望工程。
>
> 欢迎投保，欢迎垂询！
>
> 保单索取：webmaster@eduol.com.cn

这个带有玩笑性质的广告在教师中产生了广泛的影响。10月12日，一名来自苏北偏僻水乡小镇叫张向阳的老师，在网吧里写了他的第一篇教育日记《在理想的家园中实践我们的教育理想：放弃霸权》。到了2003年6月，这位江苏盐城的农村小学教师竟然在二百多个夜晚写出了近三十万字的教育日记！更不可思议的是，他的教育日记已在十余家省级以上教育报刊发表了五十余篇近七万字。

紧随其后，还有淄博市临淄区教研室于春祥老师的《春祥夜话》、吉林市小学语文教师张曼凌的《小曼讲故事》、安徽省黄山市笑春老师的《快乐启航——黄山一中高一（8）班成长故事辑》、《为爱勇往直前——吴江市盛泽镇第二中心小学教师教育随笔》《火花闪现——宁波万里国际学校中学教师随笔专栏》、深圳育才中学陈晓华老师的《守望高三的日子》《怀揣着希望上路》、昆山玉峰实验学校吴樱花老师的《孩子，我看着你长大》等一大批作品先后问世。

这样自觉的专业写作，对教师而言有着特别的重要意义，甚至会在很大程度上提升我们的行为境界，这是许多一线老师的真实体会。

比如昆山市葛江中学的于洁老师就是这样成长起来的。在她的班上，有一个安静、有考试恐惧症的男孩子小志。他曾在作文中写道：“每次总是满怀信心地去迎接考试，但是迎来的却总是失望，而且希望越大，失望越大，几次下来，便不抱希望，对学习也冷淡了。”看到小志的状况，于洁开始定期写信鼓励他。而小志在一封封信的作用下也开始变化：上课敢于主动提问了，功课一点点好起来了，考试时也不再生病了。初三下学期时，小志主动找到于洁，要求每晚推迟半小时回家，和寄宿生一起上自习课。半年后，成绩一直处于班级中等偏后的他，考出了自己最好的水平。

用信件与学生交流，是于洁找到的最适合的教育方式。她总结说，与学生相处时会难免说出不得体的气话，而采用书信的方式，写的时候是比较冷静的，措辞会有理性，这样也可以避免和学生发生正面冲突从而导致师生矛盾激化。而且，“文字可以渗入人心，书信可以长久保存，言有尽而意无穷，这些都是书信交流的妙不可言之处”。仅 2009 年至 2011 年的这一届学生，于洁就为他们写下了 27 万字的书信，并编辑成《草尖上的露珠》一书。为了激励一个有作家梦想的学生，于洁为她写下了 25000 字的《致青春》，一路记录她的成长，一路教给她更有效的学习方法。我在序言中曾经说，这些傅雷家书式的文字，点点滴滴，纯净水一样，是生命自然的流淌，更是思想自觉的结晶。

老师，如果你想超越自我，如果你想让自己每天的教育生活成为永恒，不妨从现在开始教育写作吧！让精彩的文字记录下你精彩的岁月！

苏格拉底说：“未经省察的人生没有价值。”只有不断反思生活，才能明晰生活的意义，从而更好地创造生命的价值。诗人穆旦则用精美的句子感叹：“多少人的痛

苦都 / 随身而没，/ 从未开花、结实 / 变为诗歌。”所有的成功都与痛苦相关，但是，并非所有痛苦都会铸就成功。如果仅仅是泪水，痛苦只会滋生软弱，迅速干涸。只有经过咀嚼、反思、彻悟，痛苦才能成为精神的财富、人生的养料。记录这样的痛苦，本身就在记录着一首关于生命的隽永史诗。只有这样，才能不断超越自我，才能让每一天成为永恒。

用思想的火花照亮教学的时光，用精彩的文字记录教育的岁月，成为一株会思想的芦苇，成为一个善于思考的教师，成为一个勤于书写的教师，应该是一位优秀教师发自内心的自觉追寻。

你的朋友：朱永新

坚持才有奇迹
——如何在压力下坚守？

朱老师：

我是一名刚刚毕业不久的新教师，在一所农村学校工作。看到周围稍好一些的老师都纷纷往城镇去了，心里也经常不安，会有一种坚持不下去的想法，甚至连书也不想看了。但我自己又觉得这种想法是不对的。您曾经给中学生讲过“信望爱学思恒”的六字诀，对于教师来说，怎么才能够做到“恒”呢？

老师：

谢谢你的信任。

首先，我要向你致敬。现在农村教师的问题的确应该引起国家的重视。我国有635万左右的农村义务教育阶段的教师，承载着70%以上的义务教育学龄人口的教育使命。农村教师的经济待遇较低，工作压力较大，许多人有机会就会离开，这是一个客观的现象。但是，农村教育的确又非常重要，没有农村教育品质的提升，就没有中国教育的品质。所以，你的工作是切切实实地为农村教育做出了贡献。当然，我没有要你在农村扎根一辈子的意思。我只是希望也相信，只要在农村里一天，在讲台上一天，你就能够用心地教一天书，用心地帮助农村的孩子，让他们得到尽可能好的教育。这也是一个教师的良心所在。

在现实中，教师生存在不同的环境里，有的在重点学校，有的在非重点学校；有的在城市，有的在农村；所教的孩子，也有不同的背景和基础。有的人经常会埋怨：怎么让我到这样一个偏僻的乡村教书？怎么让我到这么蹩脚的学校工作？总希望给他换一个更好的环境。这种心情可以理解。但是我更想强调：所有的环境都能够产生教育家，所有的磨难都可能造就教育家。

事实上，环境好坏是相对的，不是绝对的。在一个名气很响的重点学校，它的规范多，它的自由可能会少；而在一所名不见经传的学校，人的创造性可能能得到更大的发挥。我经常对许多城市的名牌学校的校长说，你得意可以，但不要忘形，因为不是你的教学水平特别高，而是你的学生造就了你和你的学校、你的老师。说句老实话，把这些重点学校的孩子放在哪里，他们都会很好地发挥，因为在多年的教育中，他们已经养成了自我学习、自我教育、自我发展的习惯。真正见功夫的是，你要把差的学生教育好，把差的学校管理好。我一直认为，只会教好学生的教师不是好教师，只会教好学生的学校也不一定是非常优秀的学校。

所以，作为一名渴望成长的教师，要正确评估环境对自己成长与发展造成的限制，尤其是处于人们眼中在逆境的情况下，更需要用积极乐观的心态面对逆境。正如有网友说的："不是你有了条件才能够成功，而是你想成功才创造了条件。"许多人经常埋怨自己的环境不好、条件不够，其实，所有的问题往往出在自己身上。我们自己就是环境，就是条件。完善自己，挑战自己，就是在改善环境，就是在创造条件。不要等别人为你提供机会，而应努力为自己创造条件。

这就涉及你在信中谈到的"恒"的问题。这一点的确非常重要。不仅对于学生，对于教师，对于所有的人都非常重要。对一个教师的成长来说，坚韧不拔的意志力为什么非常重要呢？行百里者半九十。绝大多数人，走到最后的十里路就泄气了，就停下来了。有很多很多的人，是在成功的边缘退却而导致功亏一篑的。这就是《尚书》所说的"为山九仞，功亏一篑"。建筑九仞高的土山，由于只差一筐土而不能完成，半途而废了。如何成功坚持走完最后的十里路？要靠毅力，靠恒心。

在现实生活中，许多人不是不愿意坚持，而是心理准备不足。他们事先往往把事情想得过于浪漫，计划制订得不切实际，对可能碰到的困难估计不足，因此美好的幻想常常在严酷的现实面前撞得粉碎。所以，要下决心做一件事，首先要有足够的心理准备，分析各种可能的困难，对于困难、矛盾、问题预想得越是充分，越是有解决的预案，就越不会被困难、矛盾、问题击垮。

那么作为教师，怎样才能培养自己的恒心、磨砺自己的意志，让自己成为一个有"恒"的人呢？我认为，不妨从坚持一项活动开始。

意志力的培养不一定要在惊天动地的大事业中进行，从一点一滴的小事情着手，同样能培养一个人的意志。就拿按时起床、每天读书、写日记或早锻炼来说，如果你在任何情况下都不马虎，坚持不懈，不以"天气不好""身体欠佳""时间太紧”“工作很忙”等借口原谅自己，你就能培养自己的恒心。我曾经建议老师们坚持每天读一二十分钟的书，但是很多人做不到。关键还是对自己不够“狠”，喜欢给自己“开后门”“找借口”。

2002年6月，我曾经在教育在线网站开过一个“朱永新成功保险公司”，要求教师每天坚持记录自己的生活，坚持十年，如果不成功可以找我索赔。十多年过去了，没有人找我理赔，相反，不断有老师告诉我，由于坚持，他们取得了很多成绩。其实，在人的其他条件差不多的情况下，坚持有恒，往往是出类拔萃的最重要的条件。

对于恒心不够的老师来说，不妨学会自我提醒、自我激励的办法，如用座右铭来激励自己，就是培养恒心的有效办法。曾经做过老师的徐特立同志，在四十多岁学法文时，曾以“日学一字，五年为成”为座右铭，结果三年就掌握了法文。京剧表演艺术家袁世海在客厅墙上挂了手书的三个大字——“天天练”，古稀之年仍坚持奉行。一代大家就是这样坚韧不拔练就的。所以，不妨在自己的电脑主页面设置一些提醒自己的话，如“今天，你读书了吗”。在自己的写字台板下压上一张纸条：“行动，就有收获；坚持，才有奇迹”等。

在培养恒心的过程中，最重要也是最关键的，就是在最困难的时候能否坚持。从心理学的规律来说，人的意志的强弱、恒心的大小往往与克服困难的大小成正比，这是意志活动的一条规律。作为教师，我们的生活中总是充满了形形色色的困难，这就需要我们有一个正确的“困难观”。乐观的人、有恒心的人视困难为常情，认识到这样的一个真理：困难像弹簧，你强它就弱，你弱它就强。而悲观的人、缺乏恒心的人往往人为地夸大困难，在困难面前败下阵来。没有特别的情况，不要给自己放弃的理由，长期坚持以后，就成为习惯了。

在同样的环境下，别人往前走，你也往前走，你只能看见和大家同样的风景，取得与大家一样的成绩。当别人停下来时，你仍然在走，你才可能超越别人，取得别人无法企及的成功。

当你处在比别人更加艰难的环境下，只要你的脚步永不停歇，就一定能够走得足够远，就一定能够欣赏到少有人见的美丽风光。

同理，人们常以“一个人走可以走得很快，一群人可以走得更远”来强调团队的力量。但是，如果一个人有坚忍的意志，就可能在比一群人走得更快的同时，比一群人走得更远。

亲爱的老师，只要不放弃，只要坚持有恒，我相信，无论在哪里，你都能够在你坚守的那片土地上，开出一朵生命之花。

你的朋友：朱永新

新教师的“吉祥三宝”

——如何尽快成长为名师？

朱老师：

几乎每个学期，教师都要参加各种各样的培训，但难见素质、能力有多大长进。而一些“草根名师”不断涌现，他们不见得参加过什么县级、市级、省级培训。我就纳闷了：好教师能培训出来吗？

老师：

你信中反映的问题，是一个非常现实非常普遍的问题，也是个不少有心向学的老师感到困扰的问题。

在现实生活中，我们的确看到这样的现象：一方面，许多老师疲于奔命参加各种各样的培训，但是收效甚微，不见长进；另外一方面，一些老师自己读书写作，坚守课堂，很少培训，却成效显著。你提出的疑问，也是非常值得思考的：我们的培训究竟有多少价值？好教师能够培训出来吗？

培训，培养、训练之谓也。其实，好教师的成长无非是在两个方面：一是职业认同，增强成长的动力；二是专业发展，提高成长的技能。这两者离开了培养与训练都是不行的。所以，关键不是需要不需要培训，而是需要有效的培训。

现在的许多培训，要么是炒冷饭，继续学习那些在大学曾经学过的东西，只不过是换了一所学校换了几位老师，或者是换了课程的名称，但换汤不换药。要么是离一线老师很远，那些担任培训的老师，对中小学情况不甚了了，对一线工作更是隔靴搔痒，讲授的内容无法解决实际问题，培训的效果很差。

所以，改变培训的内容与方法，增加教师的选择性与自主性，应该是各级教育行政部门迫在眉睫的任务。

作为一线的老师，除了反映我们对于培训的困惑之外，无法改变现有培训的格局。而我们能够做的，是千万不要放弃“自我的培训”。你说的那些优秀的“草根名师”，你稍稍去留意一下他们的成长轨迹就可以发现，他们每个人都会利用各种机会自我培训，自我激励，自我成长。

对于教师的专业发展，我曾在2004年底的苏州吴江的一次讲座中归纳了国外的三大学派，一是以阅读为基础的“专业引领”模式，二是以写作为基础的“研究反思”模式，三是以同伴互助为基础的“教育生态”模式。后来，我们新教育共同体则将其提炼为“三专”模式，即通过专业阅读、专业写作、专业发展共同体来自我培训。我把它们称为新教育教师的“吉祥三宝”。这里也把“三宝”与你分享。

一是专业阅读——站在大师的肩膀上前行。我们认为，一个人的精神发展史就是他的阅读史，一个民族的精神境界取决于他的阅读水平，一个没有阅读的学校永远不可能有真正的教育。一方面，没有教师的阅读，教师就不可能实现真正意义上的成长与发展，教师的创造必须建立在阅读的基础之上。而且，在一间教室里正在发生的事，在更多教室里大部分早已发生过。通过阅读，可以借鉴别人的经验，让自己教学更顺利，成长更迅速。所以学习前人与他人的教育智慧，是教师专业成长的一个基本条件。另一方面，阅读能力也是学生最重要的学习能力。身教重于言传，一个不爱阅读的教师很难培养出爱阅读的学生。教师必须在阅读上为学生做出表率，成为学生的阅读榜样。

新教育实验把教师的知识结构分为三大部分，即关于人文情怀养成的人文知识、关于学科的本体性知识和关于学术与课程的教育学、心理学及职业知识。在教师的专业阅读中，关键要回到根本书籍的阅读中来。对这些根本书籍的阅读方法，我们主张知性阅读，即一种带有咀嚼性质的研读。

二是专业写作——站在自己的肩膀上攀升。新教育实验所倡导的教师的专业写作，不以博取外在的名利为目标，也不是为了写作而写作，而是对教育生活的总结、归纳、剖析、反思和提升。我们以“师生共写随笔”这一行动统领，强调日常与坚持，反对临时抱佛脚的编造；强调理解与反思，反对表现主义；强调客观的呈现，反对追求修辞；强调师生共写，反对片面割裂。

通过这样的写作，教师将会以全新的方式审视并悦纳自己的教育教学生活。我们会发现，教学上已经取得的成绩，那些被视为获得的成功，只有经过这样的梳理和总结，才会从经验中摸索出规律，成为精彩的教育案例。而工作中被归结为失败的那些尝试，一旦我们以反思的视角去审视，将会从中汲取更多经验和教训，成为另一种意义上的成功。如此日积月累，积土成山，教师才可能超越教学中一时的成败，从而在自我教育中不断成长。

三是专业发展共同体——站在集体的肩膀上飞翔。我们常说："一个人可以走得很快，一群人才能走得很远。"建立教师专业发展共同体，是教师专业成长的捷径。无论是在学校里，还是在家附近，或者在网络上，寻找一些志同道合的朋友，一起读书学习，讨论交流，分享、碰撞、彼此勉励，取长补短，对成长非常有益。新教育萤火虫书院就是这样的一个结合网络与线下的共同阅读组织，教育在线网站的论坛也具有这样的功能，新教育项目培训群更是一个直接针对一线教师教育教学疑问而设的网络研讨平台。

亲爱的老师，培训就是教育，而最好的教育是自我教育。所以，问题不在于是否培训，而在于我们是否主动敞开心灵进行自我教育。如果我们的老师把培训的主动权掌握在自己手中，如果我们能够积极按照教师成长的"三专"模式主动培训自己，我们一定能够像许多"草根名师"那样，修炼成为一名真正的好教师！

你的朋友：朱永新

在教育中诗意栖居
——如何保持教育热情?

朱老师:

我发现了一个奇怪的现象:我周围的许多老师,有些年龄很大,但依然青春豪迈,激情四射;有的年纪不大,却显得老气横秋,萎靡不振。这究竟是什么原因呢?怎样才能让我们保持青春般的教育热情呢?

老师:

这是一个非常有趣的问题,也是一个非常难以回答的问题。

正好,前不久我参加了南通师范附小李吉林老师的一个活动。看到了年逾70的李老师,她就是像你说的那样依然青春豪迈,激情四射。我想,或许提供这样一个榜样的故事,身教比言传效果更好。

李老师从教50余载,痴心于她的情境教育研究实践也已逾30载,看到她那慈祥的笑容,每当想起她那温和而持久的教育情怀,我心中总是涌起许多感动。李老师身上有一种特别的魔力,让你亲近、让你感佩。从年龄上来说,她是长者,但她开口闭口朱先生,我忐忑不安;从学问上来说,她是前辈,但她没有门户之见,始终敞开胸怀,关注和支持我们的新教育实验,让我感动不已。更加让我感动的是,每次见面,李老师总是精心准备了礼物,从天真可爱的圣诞老人,到温暖可心的羊毛背心。

我一直想解读李老师的魔力之源。

有一次,一位李老师的学生告诉我:"其实,李老师坚持不懈的原因就在于,她和她的情境教育充满诗意和激情,充满挚爱和智慧。"

是的。我曾读过李老师的《情境教育的诗篇》一书,给我感受最深的一个字就是"诗"。不仅情境教育是一首诗,李吉林老师本人也是一首诗,事实上教育本身就是一首诗。也许，诗意地生活，就是李吉林老师青春依旧的秘诀！

我曾写过一首小诗——《教育是一首诗》：

教育是一首诗 / 诗的名字叫青春 / 在躁动不安的灵魂里 / 有一个年轻的梦

教育是一首诗 / 诗的名字叫激情 / 在春风化雨的课堂里 / 有一脸永恒的笑

教育是一首诗 / 诗的名字叫热爱 / 在每个孩子的瞳孔里 / 有一颗母亲的心

教育是一首诗 / 诗的名字叫创造 / 在探索求知的丛林里 / 有一面个性的旗

教育是一首诗 / 诗的名字叫智慧 / 在写满问题的试卷里 / 有一双发现的眼

教育是一首诗 / 诗的名字叫未来 / 在承传文明的长河里 / 有一条破浪的船

可以说这首诗，差不多是我对教育的一个理解。我曾说做教育的人，他本身就应该是诗人。我觉得做教育如果没有诗人的气质，诗人的理想，诗人的激情，是很难真正把教育做好的。

因此，我喜欢用“诗”和“诗人”这样的词语，来解析情境教育，来打量我们的李吉林老师。实际上，在李老师的教育字典里，“诗”的出现频率非常之高。她在《是教师也是诗人》中说：“正是为了儿童使我成为一个执着的探索者，一个不倦的学习者，一个多情的诗人。”她说：“诗人是令人羡慕的，其实教师也是用心血在写诗，那是写的人们最关注的明天的诗，不过那不是写在稿纸上，是写在学生的心田里。”

20 年过去了，李老师在她新出版的《情境教育的诗篇》里，又写道：“历经 26 年，在情境教学、情境教育、情境课程的‘三部曲’里，我写下一首首小诗，一首首镌刻着时代烙印的儿童教育诗。”

这使我更坚定了一个观点：情境教育本身就是一首诗，而它的创造者，就是杰出的诗人。为什么这样说呢？

第一，李老师拥有一颗年轻的心。诗人没有一颗年轻的心是写不出诗的。我们很多人都写过诗，写诗最激情燃烧的岁月是青春时代，我们很多人都做过诗人，我也做过。那实际上是一种激情，是因为有一颗年轻的心。李老师尽管已年过70，但就心理年龄而言，我觉得她还处于青年时期。她自己就说："我是一个长大的儿童。"这是一种心态。特级教师于永正先生曾说要蹲下身子来看孩子，和孩子交流。我认为只要拥有一颗儿童的心，根本不需要去选择和儿童交往的方法，因为自己本身就是一个儿童。因此真正的教育家，他肯定拥有一颗童心，拥有一颗无瑕的、天真的、灵动的童心，我认为这是教育的最高境界。

李老师年轻的心还表现在她是一个永远的学生。作为一名普通的小学教师，全国有那么多的大专家看中她，愿意和她交往，甚至愿意拜她为师，这是为什么呢？我觉得首先就是李老师对别人很尊重，她把自己作为一个学生。她不止一次地对我说："我如果再年轻几岁，我一定去做你的学生。"我感受到她的真情，她随时随地把自己看成是一个学生。虽然现在已经是功成名就的教育家、中国教育学会副会长，但她还是把自己看成一个学生，所以她才能凝聚一大批教育教学研究人员、一大批优秀教师共同来构建情境教育的巍巍大厦。

事实上，不仅仅是情境教育，包括我们做的"新教育实验"，包括所有的教育研究，如果没有一批人去为之奋斗，那就不可能做成。现在这个时代靠一个人的力量是做不成事的。

第二，李老师心中始终燃烧着激情。做诗人是要有激情的，没有激情写不出诗，没有冲动做不成诗人。郭沫若先生写诗的时候，趴在地上拥抱着泥土的芳香，他必须要有这样的激情，做教育也是如此。

我始终认为做教育的人没有激情是做不成的，他最多只能去做学者。著名学者朱小蔓对李老师曾有过评价，说李老师的情境教育追求儿童认知和情感的协调发展，为人的情感发展提供了一个优化的时空。朱小蔓是研究情感教育的。确如朱小蔓所说，情境教育的一个很大特色就是抓住了人类情感这个非常重要的要素。

李老师提出以思为核心，以美为突破口，以情为纽带，以儿童活动为途径，以周围世界为源泉。实际上"情"是一个纽带，情境教育可以把"情境"说成一个概念，也可以把"情"和"境"分成两个概念。如果从一个概念来说，它更多的是一个空间的概念，是一个场景的概念；如果作为两个概念，它本身就是情感和场景的结合。在某种意义上，李老师的情境教育中，情感的要素要大于场景的要素。很多人片面地认为它就是创造一个情景，提供一个时空。我说并不然，更重要的是它的情感要素。教育若缺少情是做不成的。清代戴震曾经讲过一句话："理也者，情之不爽失也。"没有情感的融入，再好的道理也没有办法让孩子们真正接受。

李老师自己也认为，她就是一团扑不灭的火。改革开放以后，她本来教中高年级的课，后来主动要从一年级教起，为什么这样做？她说："改革绝对是需要热情，需要主动，需要一股子劲的。"我觉得没有这股热情和干劲是做不成教育事业的。

第三，李老师怀有深刻的对教育的爱。诗人自然也是有着爱的情怀的。李老师自己曾经也讲过："正是出于对儿童的爱，使我不怕吃苦，不怕麻烦，意志使我体验到作为人的一种力量。我觉得意志会使人的情感持续、稳定、强化。心理学中讲情感和意志是人的两大品质。其实在人的内心世界里两者却难以一分为二，它是互动的，是相互影响的。"因为只有强烈的情感，才会有持续的坚持的力量。面对应试教育的现实，李老师忧心忡忡，她曾在给我的信中说："中国教育的问题积聚不少。我总想着儿童、少年、青年的成长：他们的内心有祖国，有他人吗？有愿为祖国效力的志向吗？他们追求崇高，鄙视低俗吗？他们的灵气、潜在的智慧是得到开发，还是被泯灭了？他们的体质和意志比得过日本的青少年吗？"

对教育的忧患意识，是教育家们从来都拥有的，而这些都源于对教育、对未来深刻的爱。正如有人曾经说过的那样，我看透了这个世界，但是我依然热爱它。所以，在李老师的每一篇文章里面，在她的字里行间，我们都可以读到她对教育的爱。我相信，她的周边之所以能够凝聚那样一批热爱教育的人，也都源于他们对教育的爱。没有他们对教育共同的挚爱，情境教育也很难走到今天。

第四，李老师有创造的智慧。诗人的天性叫创造。从外语情景教学的启示一直到中国古代的意境说，李老师并不是把别人的东西拿来直接翻用，而是在进行一种阐释和创造，并且不断地发展。她从低年级的情景教学，到情境教学实验的研究，再到情境教育理论的构建，包括到最近的情境课程的开发，使情境教育的理论不断地得到完善和发展。这充分反映了李老师善于创造，善于吸收各种知识，包括把新课程的很多理念都在情境课程的"四大需要"里面做了很大程度上的综合，用自己的情境教育的话语来阐释她对课程的理解，我觉得这是相当可贵的。一个普通的小学老师，她的知识领域、她的学科领域总会受到很大的限制，但是她能不断地学习、不断地超越。就是这样一种精神，这样一种善于创造的激情和智慧非常值得我们学习。

李吉林老师在进行情境教育研究的同时，还经常关注和支持我们所开展的“新教育实验”。2009 年，当她听说“新教育实验”在全国 21 个省区已有 28 个实验区、800 多所学校加入，她非常高兴。李老师对新教育实验也给予了很高的评价，她说：“‘新教育’鲜明地提出的‘完整幸福’是切中当代教育的时弊。事实已经暴露得很充分，教育的不完整酿造了受教育者的不幸和悲剧，正是教育的不完整，成为国家一直想推行的素质教育的极大障碍。因此，我禁不住要鼓呼、赞美‘新教育’，它是解放学生、解放老师的教育，是真正的‘新教育’。”

我知道，这是李老师在鼓励我们，希望我们新教育能够继续鼓起勇气，去开拓中国素质教育的一条新路。对于李老师的鼓励，我们新教育人心存感激。李老师还曾一再表示，愿意为新教育做一些她能够做的事情。事实上，李老师已经在与新教育研究院的同事们合作主编一套新教育的儿童读本。

2010 年 7 月，新教育年会在河北石家庄桥西区召开。本来李老师已做好前来参加会议的准备，并且要在会议上做主题讲演，但因为临时有重要任务而没能成行。但是，令人感动的是，她专门录制了视频演讲托人带到会上，会场里上千名来自全国各地的新教育实验教师们，通过视频感受到了李老师的教育激情，以及对新教育实验所寄予的厚望，这令大家非常感动。

应该说，情境教育和新教育实验，在教育界是两个不同的教育流派，但是，李吉林老师完全没有“门户之见”。李老师在给我的一封信中这样说：“应试教育这座大山似难推倒，也没有找准突破口花大气力去推。其实只要集全国之力，从上到下，从学校到社会（包括媒体）协力推，那是一定可以推倒的。推倒的目的是为了青少年的成长，为了民族的兴旺。”在她心里，只要对中国教育有好处，对中国的孩子和老师们有益处，她都会无条件地支持。我觉得，这就是真正的教育家胸怀和境界。

诗人是不老的，作为诗人的李吉林老师，永远不老。

老师，我想，从李吉林老师的故事中，你一定能够找到问题的答案。只要我们愿意秉承一颗赤子之心，努力挑战自我、活出最美好的自我，我们每个人都可以诗意地栖居在大地上。

你的朋友：朱永新

在时光中创造那个更好的自己

——如何寻找生命原型？

朱老师：

记得您在2009年海门的新教育年会上做了一个“书写教师的生命传奇”的报告。您在报告中说，每一个人的一生都是一个生命的叙事，这个叙事一定有他特定的范本或者原型，以怎样的人物为英雄，为自己的生命叙事选择怎样的榜样与蓝本，对教师的成长非常重要。可是在现实生活中，我们究竟怎样才能够为自己寻找生命的原型呢？

老师：

谢谢你还记得那次的讲演。这也是我近年来一直关注的问题。

生活中，许多教师往往把职业看成是养家糊口的饭碗，看成是获取名利的途径。在这些问题基本解决以后，他们就不再有新的追求了，就浑浑噩噩了，就满足于到处讲公开课、传经送宝写文章了。他们不知道，教师的生命，真正意义是与孩子一起成长；他们不知道，自己的生命，只有扎根在教室里才能不断汲取营养；他们不知道，对一个真正的教师而言，当他停止专业发展之时，也就是他的教育生命开始衰老之时。

教师为什么会倦怠？为什么会懈怠？为什么有不需要发展的想法？我认为与教师的人生理想有密切的关系。人永远不会超越他自己对自己的期待，不可能超越他自己的人生理想。我在很多场合讲过，“教育与理想是一对孪生兄弟”，如果没有一点理想的情怀，最好远离教育，远离教师这个职业。

生命原型，对缺乏理想的人，就是点燃理想的火种；对追寻理想的人，就是让理想之火燃烧得更旺盛的干柴。

如果我们每个人的人生都是一个故事，那么，我们每个人都是这个故事的主人翁，也是这个故事的作者。我们能否把自己的生命故事变成一部传奇，首先取决于我们如何书写自己的故事，我们是否用心，是否竭尽全力，是否为自己寻找了生命的榜样与蓝本。新东方创始人俞敏洪说过一句话：“我的优点之一就是从来不妒忌比我优秀的人，我总是努力模仿他们，把他们作为我学习的榜样。”寻找生命中的榜样并且学习之，乃成功之道。一句话，我们必须问一下自己：谁是你的生命原型？

一个人能够走多远，在很大程度上取决于他生命的原型，取决于他生活中的榜样。当我们研究世界上伟大的人物时，就可以发现，他们的成功轨迹中都有形无形地刻印着其生命原型的影响痕迹。

以著名物理学家范·德·瓦耳斯为例。他出生在荷兰的莱顿城。父亲是个普通工人，因为家境贫寒，小学毕业以后他到了一家印刷厂当学徒。他家在莱顿大学附近。每天路过大学时，他对那些大学生就充满了羡慕。他的城市是以欧洲著名思想家莱顿的名字命名的。莱顿的故居就在他家不远的地方。莱顿与他一样，也是苦出身。没上过学的莱顿，靠勤奋自学，创建了独树一帜的哲学理论。莱顿的故事，莱顿的精神，成为他的人生榜样，成为他的生命的原型。他默默地对自己说：我要成为莱顿这样的人！

莱顿城中心的广场上矗立着荷兰大画家伦勃朗的塑像。范·德·瓦耳斯也经常去瞻仰大画家的形象。他发誓，自己也要做一个写在历史上的伟大的荷兰人。于是，他一边工作，一边开始了艰苦的自修历程。经过10年的努力，他终于获得了教师资格证书，当上了小学老师。但是，这当然不是他的最终目标。在有了一定的物质条件以后，他便放弃了这份来之不易的工作，以旁听生的身份来到莱顿大学学习，并于36岁那年获得了博士学位。他的博士论文提出了非理想气态的状态方程，即著名的范·德·瓦耳斯方程，后来还因此获得了诺贝尔物理学奖。

人为什么要为自己寻找生命的原型呢？就人的生物性而言，人是很容易懈怠、很容易满足、很容易停滞的。但是，当一个人为自己寻找到人生的榜样、生命的原型时，他就可以找到自己与榜样的差距，通过生命原型给自己前进的力量，给自己克服困难的勇气，从而激发热情、激情和活力。

法国著名作家罗曼·罗兰曾经写过许多非常有影响的人物传记，他在《贝多芬传》序中说：“这些传记中人的生涯，几乎都是一种长期的受难。或是悲惨的命运，把他们的灵魂在肉体与精神的苦难中折磨，在贫穷与疾病的铁砧上锻炼；或是，目击同胞受着无名的羞辱与劫难，而生活为之戕害，内心为之破裂，他们永远过着磨难的日子；他们固然由于毅力而成为伟大，可是也由于灾患而成为伟大。所以不幸的人啊！切勿过于怨叹，人类中最优秀的和你们同在。汲取他们的勇气做我们的养料吧；倘使我们太弱，就把我们的头枕在他们膝上休息一会吧。他们会安慰我们。在这些神圣的心灵中，有一股清明的力和强烈的慈爱，像激流一般飞涌出来。甚至无须探询他们的作品或倾听他们的声音，就在他们的眼里，他们的行为和叙述里，即可看到生命从没像处于患难时的那么伟大，那么丰满，那么幸福。”

是啊，其实英雄离我们并不遥远。如果我们每个人能够不断地在英雄们的膝上休息一会儿，感受英雄的气息，能够不断以英雄作为我们生活中的榜样，那么，每个人的人生会因此变得伟大，为此变得精彩。

我的博士生李镇西是一位知名度很高的中学特级教师。他告诉我，他的人生榜样、职业楷模、生命原型就是陶行知和苏霍姆林斯基。在他的学校里，还建有陶园和苏园，就是为了提醒自己和老师们，时刻学习陶行知和苏霍姆林斯基的精神，像他们那样做老师。不知不觉中，就在他以两位大师的精神世界为人生的最美风景时，他自己也成长为其他人心里的一道风景。许多一线的中小学语文老师和班主任，也已经把李镇西作为自己的人生榜样和生命原型。

作为一线老师，如何为自己寻找人生的榜样和生命的原型呢？按照新教育实验生命叙事的理论，一个人的生命叙事，是从身边或书本、影视上的成长范本开始的。这范本可能是自己所处的文化圈中的民族英雄，也可能是家族中某一位有杰出成就的长辈。孩子通过聆听他们的传奇故事，阅读关于他们的传说，模仿他们的生活风格而开始书写自己的故事。

所以，如果你是一位新教师，你对生命原型的寻找，不妨从读一些优秀教师的个人传记、优秀教师的工作手记开始。无论是李镇西的《爱心与教育》、雷夫的《第56号教室的奇迹》，还是尼尔的《夏山学校》、苏霍姆林斯基的《帕夫雷什中学》，每一本优秀教师的著作，都会为你注入精神的力量。从他们身上，你不仅能够学到教育的智慧，还能够汲取向上的能量。

当然，身边的榜样更有说服力。所以你也不妨参加到一些学习共同体中去，向同学校的优秀教师请教，向网络上优秀的同行请教，研究他们成长的轨迹，聆听他们成长的故事，分析他们的课堂、教案等，一定也能够得到许多重要的启示。

并且，生命原型可以是同行，能从专业角度启迪你，也可以是其他行业的人，能够从精神上鼓舞你。电影《燃情岁月》里有一句台词：“一个人如果遵照他的内心去活着，他要么成为一个疯子，要么成为一个传奇。”倾听内心的声音，按照自己的梦想去生活，有时候是痛苦甚至令人抓狂的。因为，你必须面对种种议论、批评，面对许多不理解、不合作。这时，如果你有一位生命原型，就会像拥有一位知己，会为你增添源源不绝的力量。当你不为所动，坚守梦想，不改初衷，就可能书写生命的传奇。

为自己寻找生命的原型，倾听内心声音的引导，更加从容坚定地做一个真正的好老师！

你的朋友：朱永新

每个孩子都是天使

——如何对学生一视同仁?

朱老师:

在我的班上,孩子们来自不同的家庭,有着不同的长相,智力发展、性格特点等也各不相同。有的孩子长得特别招人喜爱,有些孩子特别乖巧听话,有些孩子特别聪明能干,这些孩子当然容易受到老师的关注和关爱。那些长得一般、不爱说话、相对愚钝的孩子,特别是那些老是惹麻烦的孩子,老师肯定很难喜欢。但另一方面从道理上,我也同意应该一视同仁地对待所有学生。请问真的能够做到一视同仁吗?我应该怎么做呢?

老师:

你说的情况,其实每天都在发生。不要说是老师,就连孩子的父母,也很难做到一视同仁地对待自己的孩子呢。

我们之所以对孩子有不同的态度,往往是由于我们给孩子贴上了不同的标签。外貌美丽、乖巧听话、聪明能干、长相普通、沉默寡言等词语,都是一个又一个的标签。

在一定意义上,孩子是"借"学校这块地方成长。因为孩子们最基础的教育,无论是基本认知、行为习惯、个性特征等,相当程度上都是在家庭中完成的。"人上一百,形形色色",由人组合而成的家庭则更是如此。哪怕同样的孩子,诞生在不同的家庭中,都会造就不同的孩子,更何况每个孩子各不相同,每个家庭千差万别。因此,一位老师所要面对的孩子,是差异巨大的不同生命,难以做到一视同仁,可以说十分正常。

但是,作为一位老师,正是得知这一点,我们才更应该记住:孩子的不同,不能够成为我们厚此薄彼的理由。虽然家庭造成了孩子的千差万别,但教师的职责,正是要让学校成为每个孩子的乐园。因为，每个孩子都是天使。

新教育实验的五大理念之一，就是：无限相信师生的潜力。这正是因为我们相信，每个孩子都是上天派来的使者。

上天让每个人来到这个世界上的时候，都赋予每个人一个成功的机遇、成功的可能，每个人都应该而且可能做得最优秀，做得最卓越。教育最重要的事情就是要相信孩子与学生，相信他们每一个人都能够书写自己的精彩；就是要发现孩子与学生，发现他们的潜能与个性，让他们真正地成为自己。

我曾经到苏州一所爱心学校，他们所有的教育对象差不多都是脑瘫儿，其中也有一些是智障人，智商较低。虽然我们的教育目前还没有好的办法让他们成为正常的儿童。但是，他们没有放弃。许多脑瘫儿正在逐渐地恢复。我同时注意到，也有许多父母就不信这个邪，一直在努力，在逐步地让自己的孩子变成一个正常人。前不久，广西有一位母亲通过努力把自己的脑瘫儿变成了正常的孩子，现在这个孩子就在普通学校读书。这位母亲为了帮助更多的智障人，就办了一所培智的学校。尽管办得很艰难，面临着破产，几乎把自己所有的家产都搭进去了，但她还是坚持着。更早些时候，我在《南方周末》看到了北京的一位母亲——陈女士，我后来专门为她写了一篇文章——《教育是一场持续的战争》。她的孩子已经 19 岁了。19 年来，母亲每年都要写一大本的观察日记，孩子进学校后，她每年都要有一本与老师的交流本。慢慢地她让孩子学会了弹钢琴，学会了与人交往，医学宣布不可能的事情都在这位母亲的努力下变成了可能。

既然每一个孩子都是一个天使，作为教师，就一定要相信每一个生命都有着与生俱来的力量，只是有待于教育来发掘和唤醒。如果我们发现孩子还没有“开窍”，一定是时机还没有成熟，或者是你还没有找到打开他心扉的钥匙。

作为教师，关键是要给孩子自由，给他时间，给他空间。你给他一个舞台，他就能还给你一个精彩；你给他一点空间，他就能为你创造无数辉煌。作为教师，就是要善于发现学生的特别之处，一旦孩子发现了自己，找到了自我，他就会爆发出我们难以想象的能量。

其实，最好的教育是不教之教，是帮助每一个人认识他自己，成为他自己。在人生的旅途中，最后成就人生的人只能是自己，因为只有自己才是命运的主人。在我主编的《教育的奇迹》一书中，特别选择了一些差不多被别人判为“死刑”的人物，如爱迪生、张海迪、乙武洋匡等人的故事。他们都没有屈服命运的虚假安排，而是把曲折作为上苍对于自己的磨难与考验，相信自己同样能够做出精彩的业绩，写出辉煌的人生。他们做到了。乙武洋匡说“决不服输，因为无手无脚”，就是他们的精神写照。

亲爱的老师，请记住：只有你不放弃，孩子才不会自弃；只要你还相信，孩子就会自信。所以，如果要是不能一视同仁，那么教师最需要关注的，恰恰是那些缺乏关注、不惹人怜爱的孩子。协助无力的孩子挖掘潜力、协助迷失的孩子发现自我，正是教育的价值，也是教师的意义。

你的朋友：朱永新

以信念为基石
——如何让自己越来越坚定？

朱老师：

想起无数个自己曾经遇到的困惑，我发现，只要有足够的信念，所有的问题最终都会得到解决。但是，有一件事我却不能释怀：我用榜样教师的故事激励自己，一步步向前走着。可是，我是小学老师，却不能跟着学生一直教六年。只教一年、两年，感觉暂时还看不到自己所做的努力给孩子们带来的生命本质的变化。所以，我的信念也会出现动摇的时候。朱老师，请问我该怎样让自己在行走的过程中信念越来越坚定呢？

老师：

你好！

你的问题实际上是两个小问题，第一个小问题就是教孩子一年两年，究竟能不能给孩子的生命本质带来变化，第二个就是当自己的信念出现动摇的时候，怎样让自己能够不断坚定自己的信念。

第一个问题，只能教孩子一年两年，怎么办？

作为一名小学教师来说，首先要知道，当然最理想的状况是能够跟班走，跟着孩子从一年级到六年级，六年都伴随着一间教室里的孩子，对孩子有着充分的理解、认识，跟孩子能够有着非常密切的关系。因为对孩子来说，建立关系是一件不容易的事情。一旦建立起，它对孩子的影响也是巨大的。如果关系刚刚建成，孩子就得离开自己，对小学教育来说会有一定的影响，是一种遗憾。所以，如果有可能的话，可以主动和学校领导沟通，尝试着让校领导支持你改变这种阶段式的任教方法，同意你从一年级到六年级跟班走。

不过，无论能否最终改变校长的决定，我觉得同时一定要懂得并且相信：即使教孩子一年，也可以给孩子终身影响。因为从心理学的角度来说，一个孩子要养成一个良好的习惯，实际上 21 天就可以，何况你和孩子们相伴一年呢？真正的教育是培养习惯；真正的学习，是养成学习的习惯，让学习成为生活方式。对一所学校来说，真正的优秀学生，是离开学校以后依然如饥似渴地读书学习的学生。对一位老师来说，真正成功的教学，是学生受到老师的影响开始如饥似渴地爱上读书。

所以，比起教一年还是教六年更重要的是：自己一定要知道，老师在教室的所言、所行，不仅是着眼于孩子的当下，同时也着眼于孩子的未来。什么叫基础教育？就是为孩子的整个生命奠基的事业。在这个阶段，无论阅读还是写作，无论游戏还是庆典，着眼点都是为了孩子的终身发展。如果真正做到，那么，你对孩子的影响必然是一生的。

事实上在生活中也经常上演这样的故事：有些人只见了一面，却能对我们产生终身的影响；有些人天天和他在一起，他也不会对我们施加影响。影响力和一个人的生命场、生命力密切相关。尤其是教师，如果你心灵强大，就能和孩子很快建立起一种彼此信任的关系，就能很快对孩子产生深刻的、持续终身的影响。你可能无法亲眼看到自己所做的努力给孩子带来的生命变化，但是，就像你在路边撒下了优良的种子，肯定会在岁月深处萌芽，在孩子未来的生命路程上，一定会逐渐开出花来。从这个意义来说，哪怕教六年，不是也无法亲眼看见孩子们的所有变化吗？教师的使命，就是伴随学生走过一段人生。

第二个问题：在信念出现动摇的情况下，该怎么办？

在新教育中，信念是一个非常重要的概念。它是建立信任、坚定信心的一个非常重要的前提。实际上，每个人的信念都不是一次建立的，信不是盲目地信，而是自觉地信，信任、信念、信仰的建立，是一个逐步认识外部世界与自己心灵的过程，是指对人类、对世界、对自我充分把握基础之上的根本的信任。它就像一棵树，需要阳光雨露的不断滋润，才能够郁郁葱葱。

信念的产生，源自对自我的认识，对教育的认识，对人性的认识，对世界的认识。你用怎样的眼睛去看世界，你就会逐步创造并拥有怎样的生活，就会逐渐树立并拥有怎样的信念。

我认为信念有两个很重要的来源，第一个来源就是人生中为自己寻找的榜样。不断以榜样教师的故事来建立自信，这本身就是建立信念的一个很重要的前提。我们看到那些伟大的教师，伟大的榜样，他们都具有坚定而强大的教育信念。我们应该想：他们能够做到的事，我们自己也应该努力地去做到。所以，榜样的力量本身就在坚定我们的信心，在树立我们的信念。

第二个来源，就是乐观的心态。信念动摇的时候，往往是碰到挫折的时候，是看到让人心烦意乱事情的时候，是孩子们出现各种各样问题的时候，是感觉不到自己所产生的积极影响的时候。在这个时候，我们特别需要一个乐观的心态，能够看到光明，看到成绩，看到生活中的正能量。这种看问题的方法和角度，会更好地坚定我们的信念。生活中，有些人只是盯着那些阴暗消极的事物，总是抱怨，总是批评，总是无奈，总是放弃。但也有些人，总能看到积极的一面，总能对未来充满着信心，总觉得即使今天有很多困难和挫折，但总会像乌云一样过去，太阳最终总会升起。后者就是乐观的心态，也是强化信念的秘方。正如有人曾经说过的那样，生活本身就是由无数的烦恼组成的一串念珠，达观者总是笑着数完这些念珠。

在这样的基础上，我们会更容易建立起对自己的信心，建立起对孩子的信心。教育工作中，孩子尤其如此：你越是相信他，他越是能够给你展示他的美好的一面；如果你怀疑他，对他没有信心，他给你展示的就是阴暗消极的一面，就是你最不希望结出的教育之果。所以，从信心到信任到信念，这是产生教育奇迹的最重要基石。相信你在这样的追寻过程中，一定能够打牢这个基础，创造并享受教育的完整幸福。

你的朋友：朱永新

你的胸怀决定着教室的大小
——教师如何关注窗外世界？

朱老师：

一直以来，我没有把学校与社会、教室与天下联系起来，总觉得教师的责任就是守好三尺讲台。但读了您的一些著作以后发现，其实我们所做的每件事，都是与社会紧密联系起来的。我们教的孩子，就是明天社会的公民。所以，我们的工作其实就是在为未来社会奠基。您说对吗？

老师：

你说得很对。三尺讲台连着世界，小小教室关乎天下。教育，从来就是社会的重要组成部分。所以，教师的胸怀有多大，他的教室就有多大，孩子们的世界就有多大。

教育不光是给孩子们知识，更重要的是培养学生一种积极的生活状态，以积极的生存心境、积极的人生态度对待生活。

教育本身就是生活。我们经常埋怨社会，这也不是，那也不好，我们诅咒腐败，诅咒专制，诅咒独裁，诅咒关系，诅咒各种各样的东西。但是我们很少想到，我们所诅咒的东西，很大程度上是我们自己所塑造的。在某种程度上可以说，教育与病态社会之间，互为根源，所以教师不能逃避属于自身的责任。现实生活中，我们常常痛恨黑暗，却又不知不觉成为黑暗的一部分。比如我们痛恨不公，但自己有机会不公平地占据优势时，又很难放弃。所以，战胜自我、战胜人性中的劣根性，就能战胜黑暗、战胜世界。我们的心充满光明时，本身已在驱逐黑暗。也只有自身绽放光芒的人，才敢于向黑暗宣战。教师就应该拥有这样一颗充满光明的心。

我一直认为，一个好教师，应该是一个关注人类命运，具有社会责任感的教师。他应该非常关注社会，非常关注民生，非常注重培养学生的社会责任感。只有教师的社会责任感才能塑造学生的社会责任感。学校不是一个象牙塔，人类社会的所有问题，都应该在学校中得到关注。只有教师在课堂里面和学生讨论环境、人口、资源等问题，讨论战争与和平，讨论公平与效率，才能唤起孩子们对这些问题的关注。

如果教师们整天关心的是名次，是分数，孩子们的心胸怎么能开阔？学校的世界和外面的世界应该是息息相通的，而现在却是“外面的世界很精彩”，学校的生活很无奈。因此，要使学生更好地生活，要使今后的社会更加理想、更加完美，首先要把我们的校园变大，要让我们的校园变大，就要让教师的胸怀变大。苏霍姆林斯基说过，要让孩子在离开学校的时候，带走的不仅仅是分数，更重要的是带着他对未来社会的理想的追求。

教育是面向未来的事业。作为教师，我们所做的一切，都是在为未来做准备。如果我们期待未来的社会是一个民主的社会，我们的教室就应该是一个民主的教室。师生关系是民主的、平等的，课堂交流是民主的、对话的，重要事务的决策是民主的、开放的。如果我们期待未来的社会是公正的社会，我们的教师就应该是公正的教师。教师就应该公平公正地对待每个孩子，无论他们的父母拥有怎样不同的身份，也无论他们的长相是漂亮可爱还是不那么美丽招人喜爱。

我们的教育是为了未来的教育，是着眼于孩子一辈子的教育。作为教师，要学会关注窗外的世界，学生才会把自己的眼睛投向窗外。所以，我们应该让学生关心教科书以外的东西，关注正在剧烈变化的社会，关注国家民族的大事情。今天成为小小公民，未来才能成为世界公民，这样的一群孩子，就是祖国明天的脊梁。

你的朋友：朱永新

第二辑　借我一双好教师的慧眼

教育的伟大往往就寓于平凡之中。从自己日常的教育生活出发，同样可以成为优秀的科研型教师。

把职业当作学问做，拿工作当成科研做，既有趣味又有价值。在教育生活中做教育科研，就是在游泳中学会游泳。

只要有一颗热爱教育的心灵、有一股不断向上的力量，能够坚持不懈地丰富自己、让自己成长，和孩子一起成长，任何学科的老师都一定能成为优秀的老师。

根都应该扎入泥土里

——如何做科研型的老师？

朱老师：

作为一名在一线耕耘的老师，我一直觉得教育科研是一件“高大上”的事情，离我们太遥远。后来我看见您说的一句话：要做一个科研型的教师。您说，教育科研是中小学教师成才的必由之路，也是成就一名教育家的必由之路。但我发现，在日常的教育生活中，实在挤不出多少时间做研究，读书也很难带着问题去阅读，写作也只是写写日记与感想，好像离科研型教师越来越远了。我究竟该怎么办呢？一线老师究竟怎样做教育科研呢？

老师：

我理解你的心情。追求卓越，渴望成长，是一名优秀教师的重要品质。你没有被繁重的教育教学任务压垮，没有对日复一日的工作感到厌倦，内心始终充满着成长的渴望，这是难能可贵的。

其实，教育科研远远不像你想象的那么复杂。教育科研也的确是成为教育家的必由之路。为什么这样说呢？教育科学研究是一种运用科学的理论和方法，有意识、有目的、有计划地对教育领域中的现象与问题进行研究的认识活动。大凡有成就的教师，对教育都应当具有独特的思想建树，而要形成独特的思想建树，又必须深深地扎根于教育实践，对教育有深入的思考与研究。

我历来主张，教育科学研究不是学者的专利，教育第一线的广大教师应该是教育科学研究的主力军。因为最贴近教育实际、最贴近学生生活的正是中小学教育第一线的老师们，也正因为有了他们丰富的教育生活经历与经验，才形成了教育科学研究的源头活水，教育理论之树才会常青。

在教育史上，古今中外许多著名的教育家，大多亲自办过学或做过教师，有自己的教育“实验地”。如夸美纽斯长期担任拉丁文法学校校长，裴斯泰洛齐开办过“孤儿院”和伊蒲东学院，赫尔巴特创办过实验中学，苏霍姆林斯基在帕夫雷什中学教了20多年书，中国古代的孔子也从20多岁开始从事教育活动。有人曾对100多名古今中外教育家进行调查统计，发现有过教育教学经历的占90%以上。所以说，广大的第一线教师扎根于丰富的教育沃土，拥有大量的教育感性经验，在教育科学研究方面有得天独厚的优势。同时，我认为，作为中小学教师的教育科学研究，与作为学者的教育科学研究有一个重要的区别，就是教师的参与性和教育目的的功利性——教师的研究往往是针对自己教育实践中遇到的问题进行的。从这个意义上说，教师的研究活动又将作为教书匠的教师与教育家的教师区别开来。

我曾经说过，同样有了30年教龄，对于教育家和教书匠而言，意义是大不相同的。为什么？因为教育家教30年同样的课本，他年年在备新课，年年在出新教案，他每年每月每天都在根据学生的新的变化，创造性地安排自己的教学活动。他名副其实地“教”了30年，创造了30年。而教书匠则不同，他的讲义常常是30年一贯制，年年讲老内容，年年用老方法，每天每月每年都在重复自己。所以说，他虽然有30年的教龄，但充其量只能说，他“教”了1年而重复了29年。因此，对一个教师来说，有意识地进行教育科学研究，对于提高教育活动的创造性具有重要意义，也是他走向成熟的必由之路。

许多老师与你一样，往往把教育科学研究视为非常神圣、非常神秘、非常困难的事，认为那是专家、教授们的“行当”，自己只要教好书就行了，自觉不自觉地使自己远离了教育科研，还有不少老师在教育教学工作中，虽然有了研究问题的欲望，但不知从何下手、如何开展科学研究。

其实，教育的伟大往往就寓于平凡之中。从自己日常的教育生活出发，同样可以成为优秀的科研型教师。我始终认为，如同人只有在游泳中才能学会游泳一样，广大中小学教师也只有在教育科研中学会科研，离开教育实践的沃土，不仅不可能构筑起教育的“理论大厦”，也使任何教育科研失去了真实的意义与生命力。但我同样坚持，游泳既要在水里学，也要在岸上学，“学院式或学者型”的教育科研训练对于希望成为学者型或专家型的教师来说，也是必不可少的。因为，只有这种“学院式或学者型”的科研训练，才能使老师们更敏锐地发现问题，更精确地处理资料，更有效地解决困难；也只有这种训练，才能使老师们超越感性、超越时空的局限，站在更高的层次来思考问题、研究问题。理论与实践本身存在着“循环加速机制”，只有使两者紧密结合，才能使实践从盲目走向自觉，使理论从含混趋于清晰。只有这种“学院式或学者型”的科研训练，才能使教师们更敏锐地发现问题，更精确地处理资料，更有效地解决困难。也只有这样，才能使教师们超越感性，超越时空的局限，站在更高的层次来思考问题。我们不妨看看苏霍姆林斯基的故事。

苏霍姆林斯基是我最崇敬的教育家之一。我的行囊里经常装着他的著作，从《给教师的建议》到《帕夫雷什中学》，从《育人三部曲》到《家长教育学》等。

苏霍姆林斯基没有很高的学历。17 岁初中毕业后，只经过一年的师资培训班的学习，他就当起了农村小学教师。然而，他坚守理想，坚持学习，在 35 年的教育生涯里，他无论是担任小学教师、中学语文教师、教导主任，还是中学校长、区教育局局长，都没有脱离过教育教学的第一线，没有停止对教育科学的思考与研究。

从 29 岁开始，他一直担任乌克兰一所农村 10 年制学校——帕夫雷什中学的校长。他的生活非常有规律：每天早晨 5 点至 8 点从事写作，白天去课堂上课、听课、当班主任，晚上整理笔记，思考一天工作中遇到的问题。丰富的实践和持续的思考，使他成为一名享誉全球的教育家。他一生中写了 40 多本书，600 多篇论文，1000 多篇供儿童阅读的童话、故事和短篇小说。他的著作被誉为“活的教育学”“学校生活的百科全书”。

我认为，苏霍姆林斯基最了不起的地方，就是他真正地把儿童作为人来对待，真正地尊重和理解儿童，走进他们的内心世界。他曾经说：“儿童世界则是一个特殊的世界。儿童有他们自己的善恶和荣辱观念及人的尊严观念，他们有自己的审美标准，甚至有自己的时间尺度。童年时代，一天犹如一年，而一年则是无限长的。我一向认为，要进入童年这个神秘之宫，就必须在某种程度上变成一个孩子。只有这样，孩子们才不会把您当成一个偶然闯入他们那个童话世界之门的人，当成一个守卫这个世界的看守人，一个对这个世界里面发生的一切都无动于衷的看守人。”

因此，苏霍姆林斯基十分重视儿童的教育问题，他认为，童年是人生最重要的时期，它不是对未来生活的准备时期，而是“真正的、光彩夺目的一段独特的、不可再现的生活”。今天的孩子将来会成为一个什么样的人，这里起决定性作用的是他的童年如何度过，童年时期由谁携手带路，周围世界的哪些东西进入了他的头脑和心灵。

苏霍姆林斯基的教育思想非常丰富，几乎对所有的教育问题都有自己的思考与独特的见解。持续 35 年关注和研究教育，关注和研究儿童，全神贯注，心无旁骛，成就了这样一个百科全书式的教育家。

中国教育学会前任会长顾明远先生曾经用丰富性、全面性和深刻性来评价和概括苏霍姆林斯基教育思想的特点，我完全同意他的看法。顾先生评价说："苏霍姆林斯基的教育思想具有丰富性、全面性、深刻性。所谓丰富性，表现在苏霍姆林斯基不仅在理论上论述了教育的规律、原则，而且身体力行，亲身实践，有着生动丰富的案例。他的理论不是苍白的，而是有血有肉、五彩缤纷的。所谓全面性，他几乎论述到教育的各个方面：德育、智育、体育、美育、劳动教育都在他的视野之内，都有精辟的论述。所谓深刻性，就是他提出的每一个教育命题都有着深刻的哲理。他讲'德智体美劳'各育的任务不是孤立的，而是统一的，统一于培养学生的精神生活、和谐发展。他把人的价值放在教育的第一位。"

苏霍姆林斯基虽然只活了 52 岁，离开我们也有 40 多年的时间了，但他的教育思想仍然闪烁着真理的光芒。甚至，在今天的中国，追随苏霍姆林斯基的教师，从人数上已经远远超过了他的祖国乌克兰。我一直认为，苏霍姆林斯基的教育思想是真正从教育的田野里生长出来的，是他作为一个教师与校长从教室和校园里体悟出来的，对于一线的老师来说，是鲜活的、生动的、可以操作的。

我曾经读过这样一句话："心心在一艺，其艺必工；心心在一职，其职必举。"是的，世上无难事只怕有心人。生活中许多人一事无成，并不是他们能力不够，而是用心不够。其实，做任何事情，只要用心加坚持，即使成不了伟大的人物，至少也可以成为精致的专家。把职业当作学问做，拿工作当成科研做，既有趣味又有价值。在教育生活中做教育科研，就是在游泳中学会游泳。既要在水中反复练习，"亦步亦趋"模仿别人的"几招几式"，同时也在"岸上"努力学习各种功夫，你一定能够成为真正的游泳好手。作为一线教师，扎根在教室之中，扎根在教育的田野养分里，扎根在经典书籍的灌溉中，坚持阅读与写作，一定能够成为一名科研型的教师。

你的朋友：朱永新

业余预言未来

——如何让教育生活更充实？

朱老师：

大学毕业，我来到了一所陌生的县城中学任教。在这里，我几乎不认识任何人。因为学校班级比较多（近100个），三个年级又相对独立，所以和其他年级的老师几乎没有接触。自己的生活就是课堂和家庭，似乎没有第三个课余时间可以去的地方。除了备课，课余生活就是上网或看看电视了。如何让自己的教育生活更加充实呢？真的很迷茫！

老师：

你提出的问题，也是一些年轻的老师刚刚上班时都会碰到的一些问题。

来到一个完全陌生的环境里，没有朋友，只有属于他的课堂，只有属于他的教室，只有属于他的学生。除此之外，似乎一无所有。“课余生活就是上网或看看电视”，生活平淡得乏味。这是许多人，尤其是年轻老师的同感。

其实，充实自己教育生活的方法很多。而且我相信，这些方法不仅会充实你的教育生活，还会充实你的业余生活，充实你的人生。

首先，最值得你去充实的就是你的课堂。对任何教师来说，备课实际上是没有止境的。作为一名年轻教师则尤其如此。从某种意义而言，课堂是教师精神的窗口。备课本身就是精神的体操，具有非常丰富的内涵。

备课的一方面，需要对知识进行大量的储备，这个需要大量阅读。如果爱上阅读，哪怕一个人来到一个荒岛，只要有书，就能够感受到生活的充实。阅读让我们看到无限风景。而且，人是社会的人，总要应酬，总要做一些自己不想做的事情。能够让自己的心真正宁静下来的，就是阅读。每天花费时间阅读，让自己心无旁骛，聚精会神，不仅能够储备知识，而且能让自己平静喜悦，收获幸福。

备课的另一方面，是要“备”学生。知识需要与生命发生共鸣才能真正精彩，才能成长为智慧，所以，要想课上得精彩，就要了解每个孩子。通过课余时间和孩子的交流和谈话，通过家访，通过各种途径，走进每个孩子的心灵，帮助每个孩子建立属于他们的档案。这样的深入了解后再回到课堂上，所有的知识都会变得“有的放矢”。

其次，写作不仅充实你的教育生活，而且帮助你反省生活，从而创造更有价值和意义的人生。如果你能够每天把你自己的课堂记录下来，把你和孩子们交往的故事记下来，把你读书的心得记录下来，这样一来，不仅你每天的业余时间会非常充实，而且你的进步会非常迅速。我一直认为，真正的思考是从写作开始。从某种意义上说，真正的生活也是从写作开始。因为没有经过反思和总结的生活，只是浑浑噩噩地活着，并不能算作真正的生活。而我们通过写作，超越了日常教育生活与家庭生活的碎片式经验，从而对自身进行不断反省时，我们的教育必然因此提升，我们的生活也会由此而完整，我们的人生就会从此而幸福。

再次，共同体的力量不可或缺。人毕竟具有强烈的社会属性。在学校内部，也许老师之间交往不多，那么在学校外部呢？在网络上呢？如果有几个志同道合的朋友，哪怕只有一个，彼此可以倾诉，彼此可以交流，彼此可以深度谈心，彼此可以砥砺前行，彼此分担烦恼彼此分享快乐，也会让生活变得丰富。

最后，我认为作为一个年轻人，还应该针对自己所处的环境、自身的条件，对自己的职业生涯做个长远规划，给自己的人生做个自我规划。要主动培养最少一种良好的健康的爱好，如琴棋书画等。这不仅是培养一种生活的情趣，同时也会让精神世界更加丰盈，也让我们在不知不觉中多一种艺术的视角和思维去审视与解读世界。如果你有一项自己喜爱的活动，那么也要花去一些时间。

当然，组建自己的小家庭也是需要考虑的。你要有一定的业余时间参与社会生活，通过朋友认识一些朋友。如法拉第所说：“爱情既是友谊的代名词，又是我们为共同的事业而奋斗的可靠保证，爱情是人生的良伴，你和心爱的女子同床共眠是因为共同的理想把两颗心紧紧系在一起。”一旦拥有这样的感情，比翼齐飞的力量当然大于你一个人的孤军奋战。而这一点上，小县城有小县城的好处，小县城人际关系相对比较简单，朋友之间的交往相对来说比较便利。正常地、健康地、从容地发展感情，会让生活变得更加美好。

总而言之，我认为作为一名老师，要做的事情真是太多太多。而且你要成为一个优秀的老师，你想真正书写自己的生命传奇，充沛的业余时间恰恰是你的优势。时间利用了就是财富，没有利用就是流水。真正属于自己的时间，就是当下，就是当前的那个“一刹那”。所以，永远不要把赌注压在明天，认认真真把握今天把握当下，才不会虚度光阴。

一般来说，同一个职业的八小时内生活都相差无几，八小时外的业余生活才预言着未来。真正的人生，往往是业余时间所决定的。俄罗斯有句谚语：“谁吝啬时间，时间对谁就慷慨。”每一天，对于所有人都是 24 小时。懂得节约时间的人，能把同等时间的效用发挥到最大；善于利用时间的人，能把一天当作一生，劳逸结合张弛有度。这样的坚持之下，我们很快就能够发现：时间用在哪里，最后都是能看见的。时间厚爱珍惜它的人。

人的生命长度有两种计量办法，一种是生理的实际生命长度，一种是时间的实际利用长度。有些人把一天当作两天过，他可能就拥有了别人的一倍的实际生命时间长度。生活中我们的时间经常会被别人拿去，我们应该努力拿回来。我真的很羡慕你，有这样充裕的业余时间，等待去填充，等待去丰富，等待去激活。我也相信，如果你按照我的建议去做，你可能不仅会感到充实，而且会很快感觉到忙碌，可能下次你就会问我“我时间不够用怎么办”了。

你的朋友：朱永新

爱上阅读需要多管齐下
——如何让学生爱上真正的阅读？

朱老师：

您好！

如何能让学生爱上真正的阅读，而不是功利性的阅读？我校建立了班级图书架，每班有图书200本左右，可是自觉阅读的学生很少。我开过读书报告会、故事会，讲过读书的目的，可还是有不少学生未能把阅读变成自觉的行为。怎么做才有效？我很困惑。

老师：

你好！

你提的这个问题，也是我们很多老师在生活中推动阅读时经常遇到的问题。有心栽花花不发，我们期待孩子读书，给孩子买了很多书，做了班级图书架，也开展了很多活动，但是孩子们就是不能理解，不能把阅读作为他们自觉的行动，为什么？我觉得可能有以下几个方面的原因。

第一个原因，可能是应试教育的压力让孩子们缺乏阅读的时间和空间。一旦课堂教学、课外补习、家庭作业等把孩子上课、课外的时间都挤占了，孩子们没有了属于自己的时间和空间，养成阅读的习惯就是不可能的事情。所以，把时间留给孩子是很重要的。只有让孩子有阅读的时间和空间，才可能让孩子真正发自内心地爱上阅读。

第二个原因，可能是孩子们没有遇到过真正的好书。你可能也给孩子推荐了书，办起了图书角，也开过报告会、故事会，但是，从结果来看，这些书仍然没有真正走进孩子的心灵，没有真正打动过他们。这样一种没有真正触动过孩子灵魂的阅读，也就很难得到孩子的认可，这样的阅读要让孩子真正去喜欢，去主动拿起书本是很困难的。所以，选择怎样的书，尤其是在低年级的孩子刚刚走进阅读世界的时候，就像是给孩子端上了怎样的食物。不同年龄的孩子，对食物有着不同需求。哪怕是一本单纯从内容上看是好书的书，还要符合孩子的身心发展规律，对孩子来说才是真正的好书。因此，老师提高自身的能力，为孩子选择真正的好书，才能真正吸引住孩子，让孩子从此真正自发阅读。

同时，还有一个不可忽视的重要原因，就是老师不仅要布置“硬件”，还要注重“软件”，也就是要和孩子们进行一些师生共读共分享的活动。有些好书需要通过分享，通过教师和学生的共同阅读，才能真正让孩子喜欢，才能真正走进孩子的心灵，所以我们在新教育实验提倡“晨诵、午读、暮省”的儿童生活方式，还专门开设了相关的阅读课程。阅读课，我认为是非常关键的，我们既可以单独开设，也可以从语文课里拿出时间来进行阅读的课程。阅读课程能够让孩子们领悟书中的精要之处、关键之处，教孩子们掌握良好的阅读方法，同时也能够通过共读的过程中孩子彼此间的讨论、分享、争辩，让孩子们的思维得到调动，真正活跃起来。共同的阅读生活，尤其是教师引领孩子一起来阅读、分享、剖析、对话，是让孩子学会阅读的一个非常重要的习惯。正因如此，当老师自己在选择共读书的时候，就应该问一问自己：这本书是否感动过你？人同此心，一本根本没有感动过你的书，你也很难用它真的感动孩子。因为你关于这本共读书的一言一行，都会流露出你内心的所思所想。

第四个原因，是要开展切合孩子特点的、孩子们感兴趣的各种阅读活动。你开的读书会、故事会等当然非常好，但这些活动是不是孩子们被动在参与呢？你不妨让孩子们建立自己的阅读俱乐部，自主举办阅读报告会、故事会，让孩子们成为阅读的主人。当他不是被动地参与，而是主动地谋划时，孩子们的阅读就会变得更主动、更自觉、更有效。同时，老师当然也要引导孩子怎样学会深度阅读，帮助孩子分析书中人物的命运，深入讨论书里的人物，鼓励孩子续写图书、创作新的故事等，这些对激发孩子的阅读兴趣也很有好处。我们知道国外的很多学校很多机构，为了鼓励孩子阅读，可以说是不遗余力。比如，当孩子阅读量达到一定程度，给予孩子一定奖励，甚至有外国校长宣布，全校孩子读书共计多少时，自己就亲吻肥猪，以此激励孩子们多阅读。前不久国内也有校长模仿，引起了媒体的广泛关注。

我们当然没必要一定去亲吻肥猪，但是除此之外，还可以结合自身的、当地的情况，开展一些别出心裁的读书活动。人们对熟悉的事物有亲切感，结合当地特色开展同类题材的阅读，会事半功倍。比如在山区，可以更多组织孩子阅读和大山有关的故事；在海边，则更多阅读关于海洋的故事……这样孩子们接受起来会更愉快、更迅速。

总之，一个热爱阅读的老师一定能够培养出热爱阅读的孩子。新教育人常说：行动，就有收获，坚持，才有奇迹。相信经过一段时间的摸索，你一定能够掌握更多方法技巧，把孩子们领上阅读的智慧之旅。

为你加油！

你的朋友：朱永新

我笔记我行

——如何出一本书？

朱老师：

请问我们这样一线耕耘的教师想出一本自己的书，该从哪些方面着手策划？

老师：

你好！

很多一线老师都想出一本自己的书，这当然是一件非常好的事情。把自己的所思、所行能够记录下来，能够和更多的人分享，同时也为自己的生命留一个纪念，是件非常有益的事情。

但是要想写得精彩，关键是要活得精彩，做得精彩。所以，写书事实上就是记录自己的生活，书写自己的生命。最关键的是要让自己的生活出彩。你的生活出彩了，你的书才有可能写出来，你的书才有可能写得出彩，你的书才有可能打动更多读者。

过去我们常说，我手写我心，实际上应该是我笔记我行。很多老师往往是拿着一张教育的旧船票，每天重复昨天的故事。他们不知道自己没能超越自我的一个重要原因是他没有反思自己。学而不思则罔，思而不学则殆。所以，我觉得作为一线老师，首先要用心地生活，要用心地做好每一天。写本身不是目的，写作的过程是一个思考的过程，更是一个不断解剖自己教育生活的过程。只有通过写作，才能真正开始自己的思考，才能发现自己每一天的生活：得，得在什么地方；失，失在什么地方。今天的课孩子喜欢，是为什么？今天的课孩子好像没有搞懂，原因又是什么？这样不断地反思，就能不断地超越自我。写作是提升自己的一条最有效的路径，一个最关键的措施。用心地写作，一定能让教师走得更远。我曾经和一线老师提出一个“朱永新成功保险公司”的计划，就是要求老师用心记录生活，每天坚持记录最少一千字，坚持十年，我可以保证他能成为一个优秀的教师。

当然，具体来说，要写一本书的话也不是一件非常容易的事情。尽管我们很多老师在记录自己的生活，但是如果简单把自己的日记作为正式出版物出版，是有风险的。一般来说，一个出类拔萃的老师的日记对编辑和读者才会有吸引力，才会有借鉴的意义。而且，如果你本身是一个非常有影响力的教师，那么你出一本书也非常容易，否则出第一本书的时候比较困难。这时出版社对你还不熟悉，对书的市场前景也没信心，这时就特别需要选题、内容、文笔等方面的全方位协调与配合。

要想正式出版一本书，第一步是需要有一定的主题，第一件事就是规划好的选题。好选题就是老师们非常关心的问题，就是很多老师非常想知道、非常希望分享的你的思考和行动的主题。所以往往题目越小、切口越小、案例越深刻，越能吸引编辑和读者。比如说怎么解决孩子说谎、怎么解决孩子不爱阅读等一线老师非常关注的问题，如果你能就这些问题做比较深入的研究，有计划地梳理、总结、整理出来，写成一本著作，当然可能就有影响力。比如说“教育在线文库”曾经出过一本书《教师的第九个小时》，它对老师的业余生活做了一个比较深入的研究，把一个老师怎样度过业余生活，具有怎样的生活情趣，在生活中会碰到什么样的烦恼等此类问题梳理出来，以问题主导，一个个问题去分析，去研究，去剖析。这本书对一线老师如何安排好自己的业余生活，具有重要的参考意义。所以，在好的思考与行动的基础上，选择好的主题，围绕主题去整合好的内容，以好的文笔去书写，初稿结束后多进行几次打磨——从写作到出版，就是这样的流程。

事实上对于一线老师来说，现在出书越来越容易了。而且很多有着记录教育叙事习惯的老师，他们的教育随笔的第一次“出版”往往不是由出版社，而是由学校装订而成。拳不离手曲不离口，这样的记录多了，通过写作学会写作，就可以把自己的文稿拿去请教朋友，甚至是相关的专业人士提意见，进行精选、修订、再投稿，也是一条很实际的出书之路。

我对一线教师特别建议出版的一种书稿，是基于日常教育叙事的书。这对一线老师来说是最实际的。关于对自己的课堂进行专题的反思，关于自己课堂实录的分析、研究，关于自己如何研发、使用课程的得和失，甚至关于对某一个特殊孩子的专题性跟踪和个案研究等，都是实际撰稿中容易操作的选题。

比如新教育有个老师叫吴樱花，她就连续三年关注一个离异家庭的孩子，为他开设了一个专题记录。三年以后，吴老师出了一本书叫《孩子，我看着你长大》，这个孩子也以全昆山市中考状元的成绩考取了重点高中。我们特别提倡老师对一些遭遇各种困难的学生、对一些有特色的学生，长期跟踪，长期观察，长期记录，长期研究。像这样的案例研究一方面可以成为很珍贵的文献，同时也会在很大程度上提升一个教师的教学水平，提升一个教师解决问题的能力。这样的书一般来说是有市场的，因为它具有比较典型的意义。

新教育还特别提倡老师和父母亲、和孩子、和其他的老师共同编织自己教育生活的写作，比如通过对日记、随笔的批注，通过给父母的一封信等进行主题记录。苏州工业园区斜塘实验小学的顾舟群老师，她每周给学生父母写一封信，最后这些信被出版方主动汇编成一本书出版。还有四川宜宾的新教育榜样教师飓风，她每年都要写一篇自己的生命叙事，记录她一年中与学生、学生父母等共同编织的教育生活，结果她 5 年的生命叙事就结集为《我是大西洋来的飓风》出版，书中呈现出她的赤诚、睿智和拼搏，让无数读者感佩不已。

所以，一个老师写一本书并不容易，但也不太难。关键是你的书能不能打动你自己，你的书能不能感动别人，你的书能不能在受到市场的检验后真正留下来。我认为更为重要的是，你的书是不是真实记录了你的思考，能不能真正改变你的教育生活。真情实感真实践行，有着比文字更重要的价值和意义。

所以，对于一线老师来说，写书是一个水到渠成的过程，不用着急，也不要气馁。要用大量的阅读和勤奋的实践，丰富自己的生活，增加生活的积淀，这样才能有真正的源头活水。同时，养成写作的习惯，写作能力的提升很大程度上是靠不断地积累，写作只有在写作之中才能提升。不懈地努力，我希望你能够写出一本你自己的好书。

你的朋友：朱永新

与未来的自己为伍
——如何选择前行的伙伴？

朱老师：

在我周围，有两种类型的团体：一个是以感情交情为纽带的教师团体，他们私人感情比较好，经常一起家庭聚会，或者打打麻将等；一个是以专业阅读为纽带的教师团体，他们经常一起读书，交流教育教学中的问题。我应该怎样选择呢？

老师：

我理解你的两难选择的处境。作为教师，与第一个团体相处，你会非常轻松，大家轮流做东，也可以其乐无穷。与第二个团体相处，你会有成长的压力，但是你会找到作为一个教师的尊严，并且享受成长的幸福。

与专业阅读、专业写作一样，专业发展共同体，是新教育实验中教师专业发展的重要途径之一。新教育实验认为，打破教师之间的隔膜，形成对话的传统，在专业阅读、专业写作的基础上，借助专业发展共同体提升教师的专业化水平，是教师成长的必由之路。

新教育实验一直积极探索建立各种基于同一教研组、教学组的，或者是本校的、校际的，以及利用网络的各种专业发展共同体。而充分利用专业发展共同体进行日常的共同阅读、相互评议和批注教育作品、相互听课和议课，是新教育实验最日常的研究方式。

教师专业发展共同体必须建立在自觉自愿、积极主动的基础之上，这是形成共同体的宽松氛围的土壤。如果只利用行政命令，而不是“尺码相同”的人的相聚，共同体就会流于形式。同时，共同体成员的共同愿景非常重要，在活动中应体现其整体性的目标及阶段性的目标。每个成员都能在心中明白共同体的价值与方向，在团体活动中要不断证明自己存在的理由与意义，在活动中体验成就感，这是持续参加共同体活动的动力，也是激活其持续发展的最主要因素。所以，关键是用心地寻找。现在你身边就有这样的团体，应该是你的幸运。

教师专业发展共同体需要榜样与引领。教师专业发展共同体的引领者可能是校长，也可能是普通教师。当共同体内部缺乏引领者的时候，要么主动寻求外部的引领者，把共同体放在一个更大的共同体之中；要么共同体内部的人尽快成长，用阅读和写作提高自己，主动推进共同体的发展。你应该努力成为你周围的这个团体的学术中坚力量，成为能够带领大家前行的人。

当然，任何共同体都是需要约束的。这些约束是共同体成员通过协商制定的，是大家的“契约”。也就是说，作为共同体成员，应该有一些基本的底线，有一些共同遵守的“契约”。如热爱教育，热爱学生：不是为了外在的声名，而是因为内在的成长而追求知识；不只是为了薪资，更是为了赋予生命以意义与尊严而从事教育之事。能够尽可能地参与共同体的讨论，并认真研读讨论材料，做好读书笔记。彼此支持，乐于分享自己的阅读以及教育教学经验，让帮助他人成为一种本能。远离自大、阿谀及攻击，彼此欣赏，真诚批评等。

世界上最幸福的事情，就是与志同道合情投意合的人一起做事。所谓智者千虑必有一失，愚者千虑亦有一得。智者之所以智，往往在于他知道自己的局限，能够汲取别人之长为我所用。愚者之所以愚，往往在于他过分相信自己的主张，听不进别人的意见。以他人之长补自己之短，才能够诸事顺遂，绝处逢生。当一群人以共同的人生目标携手向前时，我们就能够取长补短，互相汲取力量。

现在我们已经进入了网络社会，各种各样的朋友圈越来越多，微信群、QQ 群等也为各种团体的交往提供了许多新的可能。如果我们的身边一下子难以找到“尺码相同”的人，我们也可以通过网络，寻找优秀的团队，创造一种基于网络的、以知识为精神食粮的生活空间。

韩国前总统朴槿惠说过：“要走得快，就一个人走；要走得远，就要一起走。”尽管这句话被许多人用不同方式表述过，这位女总统访华时的名言还是得到了许多人的共鸣。一个人之所以走得快，是因为他不需要等待，不需要协调；一群人之所以走得远，是因为大家互相勉励互相搀扶，不离不弃，最终可以实现目标。记住：与谁为伍，你就会成为谁。

你的朋友：朱永新

在游泳中打造学海方舟

——如何写论文？

朱老师：

在日常工作中，评职称需要各种论文，平时校长也会检查读书笔记等，这样的时候常常会有一些老师到网上去百度一下，东拼西凑地找点材料来应付。我觉得这种行为并不妥当，可是有老教师半开玩笑半当真地对我说：天下文章一大抄，就看会抄不会抄。我很迷惑：研究中需要各种材料，到底应该怎样正确使用呢？研究时面对学生的那么多问题，面对教育的那么多现象，又该选择怎样的课题着手呢？

老师：

你说的问题，其实是教育科研中的文献检索问题。

文献检索在科学研究中具有十分重要的意义。据美国科学基金委员会调查统计，一个科研人员在具体的研究过程中大约有1/3至1/2的时间用于阅读文献资料。

传统文献大致可分书籍、报刊、档案和声像四种类型。

书籍是文献的主体，包括名著要籍、专著论集、辞书手册等。其中名著要籍是在人类文化长河中大浪淘沙后积淀下来的宝贵财富，具有经典性与代表性，青年教师最好能制订一个系统的读书计划，将古今教育名著仔细咀嚼。辞书手册的资料性较强，尤其是专题性手册、百科全书，往往名词术语规范、资料全面深入，在研究的初始阶段，对于掌握概况很有帮助。因此，手头备一套《教育大辞典》《中国大百科全书·教育卷》之类的工具书，是十分必要的。

报刊作为连续出版物，其最大的特点是出版周期短、现实感强、内容新颖、能反映最新的学术动态，书籍的滞后性可以通过报刊来加以弥补，所以研究人员必须时刻关注最新出版的报纸与期刊。

档案包括各种教育年鉴、法律法规汇编、统计资料、调查报告、会议文件等具有保存价值的原始文献材料。

声像则指以声音和图像等方式记录教育现象的媒介体。这些资料与文献在教育研究中也具有特殊的价值。

以上四种类型的文献，随着互联网的出现，都可以在网络上找到了。但文献的类型没有太大的变化。

文献检索一般分为三个阶段：分析和准备阶段，即明确研究的课题，选择检索的工具与范围；搜索和阅读阶段，即收集与课题有关的全部文献，通过选择，对重要的文献进行认真的阅读，并以摘抄或心得的方式记录和收集资料；加工和分析阶段，对搜索而来的文献进行再检索，剔除不可靠的、过时的、价值不大的资料，并对所有文献进行综合分析，纳入自己课题的框架体系之中。

在文献检索的过程中，必须注意以下几个问题：

第一，文献的检索要力求全面系统，尽可能不要遗漏与课题研究有关的重要文献。第二，文献的检索要注意教育圈外的相关资料。第三，文献的检索要特别重视最近的和早期的文献，一般来说，近十年尤其是近一两年的研究成果比较前沿，但早期提出问题的拓荒性、经典性探讨文献，也值得认真研究。第四，文献的检索要尽可能使用一手资料（一次文献），因为各种文摘、综述或引文往往有可能断章取义。第五，文献的检索要注意积累，善于分析，在检索过程中可能会发现与现在研究课题关系不大，但又十分重要或有趣的文献，应该“顺手牵羊”，纳入自己的文献库，以备日后使用。对于文献的真伪虚实，也要做一个有心人，下一番去粗取精、去伪存真的功夫。

因此，会做学问的人，其实时时处处都在进行文献检索，所谓“世事洞明皆学问，人情练达即文章”就是这个道理。需要特别说明的问题是，在文献检索的过程中要学会利用网络工具。如知网、学术期刊龙源网等，但是也不能完全依赖网络，毕竟还有许多经典著作没有网络化，平时注意系统收集还是重要的文献积累的路径。

但是，文献检索当然和“天下文章一大抄”还是有着本质的区别。简单地说，后者只是把已有的资料进行汇集，就像一个原材料拼盘。前者却是收集各种食材后，加工出一道道美味佳肴。

因此，我们必须注意研究课题的确定。从某种意义上讲，这才是研究的真正起点。“因为解决一个问题也许仅是一个数学上的或者试验上的技能而已。而提出新的问题、新的可能性，从新的角度去看待旧的问题，却需要有创造性的想象力，而且标志着科学的真正进步。”

究竟怎样提出问题呢？基本途径不外乎以下五个方面，一是从社会发展需要提出问题，二是从学科建设需要提出问题，三是从教育实践中提出问题，四是从当前国内外教育信息的分析总结中提出问题，五是从不同学科的交接点中提出问题。对于青年教师来说，更便捷最有效的途径，是从自己的教育实践中提出问题。

教师在教育实践中碰到的问题很多，虽说“处处留心皆学问”，但究竟如何抉择，许多老师也经常会有“无所适从”的感觉。这时，可以从课题的重要性、迫切性和可行性三个方面来加以评价。

“重要性”是指所要研究的问题是比较根本或影响层面比较广的，即课题具有较大的价值；“迫切性”是指问题若不马上解决，将会产生比较严重的后果，即课题具有刻不容缓的现实性；“可行性”是指课题的研究是力所能及的，研究面临的困境和障碍是可以克服的，即课题具有很强的可操作性。当然，上述三个方面的价值与事实判断，不应单凭个人的经验、观察与思考，也应该尽可能集思广益，多听取别人的建议与专家的指导。

作为刚刚开始从事教育科研的青年教师，我认为必须注意以下几个问题：

第一，研究课题不应大而无当。研究课题越大，所需要的知识背景与研究功底也越深，许多大的问题要耗费一代人甚至几代人的心血。王国维先生曾经用“狮子搏兔用全力”来比喻研究工作要“小题大做”，是很有道理的。例如，一般不要笼统地用“提高教学质量的研究”这种题目，而可以将其加以若干限定，如“小学”“一年级”“学科”或“地区”等，使研究课题尽可能小一些。“角度要小，挖掘要深”（鲁迅语）。

第二，研究课题的制订要注意收集资料与信息，避免重复劳动。有时课题的内容很好，是大家非常关心的“热点”问题，但你的视角与方法并无新意，别人已发表过类似成果，如果对此不予关心，很可能要做无用功。

第三，研究课题的选定要注意主观与客观两方面条件。所谓主观条件，是指研究者本人的知识与经验积累以及对问题的兴趣，如果选择自己长期思考并积累了大量素材的问题，选择自己在实践中经常碰到的问题，往往容易激发信心与责任感，易于提出创造性的见解。所谓客观条件，是指必要的资料、设备、时间、经费、技术、能力等，如中小学由于缺少外文原版资料，要研究国外教育现状或中外教育比较等就有相当的难度。

第四，要形成相对稳定的科研方向。刚开始从事教育科研的教师，往往兴趣容易转移，精力容易分散，也不易对同一问题深入下去。一般来说，个人或研究群体应形成相对稳定的科学研究方向，以便形成相应的问题意识，并逐步成为该领域的专家，最终以课题为基点对外进行辐射，使课题产生更大和更丰富的规模效益。

第五，要注意别人容易忽视的问题，才能早出成果，使成果具有新颖性。

第六，要注意学习与思考相结合，学会在学习中超越，在学习中发现。学习与科研是相辅相成的关系，在阅读书刊的过程中，本身就可以发现问题，尤其是发现权威者的问题，写成商榷性的文章，本身就是科学研究的成果。当然，由于自身的理论功力及其他原因，这种商榷需要更慎重一些。

作为一线教师，还可以从记录自己的教育生活开始，如记录自己的课堂，对课堂实录进行分析；记录学生的个案，对个案进行诊断分析和改进的探索等。研究的关键是善于积累，积累的材料多了就能够发现规律。

我们必须记住，教师教育科研的目的，不是为了发表文章、出版著作，而为了切实解决问题，帮助学生更好地成长。

过去有句老话，叫作“学海无涯苦作舟”，或者说“学海无涯勤作舟”。现在更确切地说，应该是“学海无涯寻方舟”了——作为教育的挪亚方舟，上面一定不能随随便便堆满杂物，而应该切实装载教育所需。所以，找到要解决的问题，找到需要的材料，找到可行的方法，奏响了这三部曲，也就吹响了教育科研的冲锋号。

你的朋友：朱永新

重返童心的世界

——如何了解学生?

朱老师:

我是来自西部的一名教师，我所在的学校是一所县城的重点学校，学校规模和班级规模都非常大。面对全班近 80 名基础不一、性格迥异的学生，经常有力不从心的感觉。我想把这些孩子教好，我究竟该从哪里做起呢？怎么做呢?

老师:

首先要为你喝彩。面对大班额的挑战，你没有想着得过且过，而是希望进一步努力，这样的心态，其实已经为你的成功打下了坚实的基础。

教育的对象是人，人是世界上最复杂的存在。人的复杂性、差异性，是教育之所以非常复杂、艰巨的重要原因。作为教师，最重要的任务就是理解自己的教育对象。尤其是在学生这么多的情况下，了解学生更能够让我们接下去的教学工作变得有的放矢，从而取得事半功倍的效果。

对此，鲁迅先生有过一些精辟的论述。他认为，作为一个教师，必须了解受教育者身心发展的规律，懂得一些心理学和教育学知识，也就是要“知道孩子的世界”。他曾经有一个形象的比喻:“要下河，最好事先学一点浮水功夫。”鲁迅在《我们现在怎样做父亲》一文中指出，要教育好孩子，“开宗第一，便是理解”，因为“孩子的世界，与成人截然不同；倘不先行理解，一味蛮做，便大碍于孩子的发达。所以一切设施，都应该以孩子为本位”。鲁迅还指出应当重视儿童心理发展的不平衡性和个别差异性，要求教育者在指导过程中“决不能用同一模型，无理嵌定”。鲁迅认为，当时的教育，“不过是制造许多适应环境的机器的方法”，主张要恰如其分，发展人的个性，“用全副精神，专为他们自己养成他们有耐劳作的体力，纯洁高尚的道德，广博自由能容纳新潮流的精神”。

鲁迅先生在许多文章中还具体分析了儿童心理的特点。在《从百草园到三味书屋》这篇回忆散文中，他以亲切动人的笔触，回忆自己童年时入塾读书前后的生活，将天真烂漫的儿时游乐与入塾后的刻板读书生活做对比，抨击了束缚儿童身心健康发展的封建教育。鲁迅认为，孩子们思路开阔，思维敏捷，所以教师一定要有渊博的知识。“孩子是可敬服的，他常常想到星月以上的境界，想到地面下的情形，想到花卉的用处，想到昆虫的言语；他想飞上天空，他想潜入蚁穴……”因此，做教师的如果没有“上至宇宙之大，下至苍蝇之微”这样一些“切实的知识”，是“绝难胜任的”。

苏霍姆林斯基对这个问题的论述更值得我们深刻反思。他写道：“儿童世界则是一个特殊的世界。儿童有他们自己的善恶和荣辱观念及人的尊严观念，他们有自己的审美标准，甚至有自己的时间尺度。童年时代，一天犹如一年，而一年则是无限长的。我一向认为，要进入童年这个神秘之宫，就必须在某种程度上变成一个孩子。只有这样，孩子们才不会把您当成一个偶然闯入他们那个童话世界之门的人，当成一个守卫这个世界的看守人，一个对这个世界里面发生的一切都无动于衷的看守人。”（《育人三部曲》，第6页）也就是说，作为教师，我们不仅要努力走进儿童的世界，事实上，我们还要让自己“变成一个孩子”，才能够真正地知道和理解孩子的世界。

当然，我们没有魔法棒，从生理上，我们无法真正“变成一个孩子”。我们唯一能够做的就是从心理上真正地走近孩子、走进孩子的心灵，理解他们的需要，尊重他们的个性。

要知道孩子的世界，心理学，尤其是儿童心理学、青少年心理学方面的书籍无疑是重要的入门书。除了一般通识性的介绍儿童心理、儿童发展的教材外，我们不妨读一些深层次的研究儿童的专门著作，如阿德勒的《儿童的人格教育》，把自卑心理对于儿童的影响与积极意义分析得淋漓尽致；弗洛姆的《爱的艺术》，借助对爱的阐释讲述了如何创造性生活的方法；皮亚杰的《儿童心理学》与《发生认识论》，勾勒出儿童认识世界的基本结构与图景；埃里克森的《同一性：青少年与危机》，讲述了儿童与青少年不同时期面对的主要矛盾。每本书，都为我们打开了一扇通向儿童世界的窗户。

要知道儿童的世界，当然更重要的是学会观察儿童。作为教师，每天生活在儿童之中，学会观察他们，研究他们，是非常重要的。心理学家揭示的是儿童心理发展的基本规律，但是每个儿童都是活生生的人，都是一个独特的世界。必须认真地对待每一个不同的生命体，分析每个人成长的不同环境与生存条件，研究每个孩子不同的个性特点与生命潜质。

我曾经说过，直到现在，童年对人类来说仍然是一个“黑匣子”。因此，教师是世界上最具挑战性的职业，我们在对自己的教育对象还没有充分了解的情况下，就开始了我们的工作。我们必须格外谨慎，格外小心。

对任何老师来说，近 80 人的班额都是一个教学的难题，都是对老师的重大挑战。但是，生命就是在挑战“不可能”中成长的。为什么许多人没有实现自己的梦想？一个重要原因就是在最关键的地方和最重要的关头被吓倒打垮了。行百里路半九十，最后十里地甚至最后一里地才是决定胜负的主战场。梦想永远伴随困难，困难的彼岸就是梦想。对童心的深入了解，也就为教育提供了最坚实的基础。相信孩子，鼓励每个孩子在班级建设中发挥自己的力量，为孩子们提供适宜的智力挑战，就能够让孩子们在自组织的班级管理中，心灵被知识的无穷魅力吸引，从而激发起各自不同的共鸣，取得良好的教学效果。微笑着面对困难，勇敢地迎接挑战，是生命最好的姿态。为你加油！

你的朋友：朱永新

学科只是剖析世界的工具
——如何在数学中开展新教育实验？

朱老师：

“一直看到的是语文老师做出精彩的新教育，数学老师怎么做新教育？”这个问题，您2010年10月15日至16日到新疆奎屯新教育实验区考察讲学时，我问过您。

事隔数年，我参加了近一年的新教育项目网络培训群，成为种子教师后，有了自己的认识，不知是否正确——新教育是回归本真的教育，本真的教育就是通过阅读和反思找到教育教学的根本，既然是这样，就涉及教育的各个方面，当然包括各个学科，数学教师也要通过阅读专业书籍、书写自己的教育故事来提升自己。课程开发是提升教师专业素养、提高学生学习兴趣和能力的有效手段，数学学科博大精深，有很多课本上没有，但直达数学本质的资源可以融入数学教育，比如让众多、优秀的数学绘本与日常的数学教育教学匹配起来，像这样，在数学课外共读课程的开发中（绘本解读、师生共读），既提高了教师的专业素养，又开拓了学生数学视野，达到师生共成长的目的，这就是一种回归本真的教育。我的想法对吗？

老师：

你好！

你提出的问题也是很多人对新教育实验提出的问题。的确，从新教育实验所开展的项目来看，从优秀的新教育老师成长的比例来看，往往小学老师比较多，语文老师比较多。一个方面和我们目前开展的实验项目以阅读为主有很大的关系，另外一个方面，也和我们语文老师因为学科特点，相对来说更加善于写作、善于演讲、善于宣传有很大的关系。

当然，新教育不只是语文教育，新教育是适合所有学科的，新教育不是简单地只做阅读。新教育有十大行动，每个行动都可以做得很精彩，每个行动都适合不同学科的老师。就拿数学来说，新教育的优秀教师里，数学教师还是占了非常大的比重。这些年新教育里其实有很多优秀的数学老师成长迅速，比如陈惠芳老师、张向阳老师、庄慧芬老师等，都是非常优秀的数学老师。

我一直认为，虽然不同的学科有不同的特点、不同的教学方法和教学手段，但是好的教育是相通的。不同的学科有共通的教学原理、理念。在教师成长上，新教育实验提出的三专理论——专业阅读、专业写作和专业发展共同体，更是适合所有学科的教师。

我们在研究教师专业阅读的时候，就曾以数学教师的专业阅读为例，提出一个老师的专业阅读结构。在数学上，教师的阅读也同样非常重要，因为好的数学老师不是简单地教给孩子 1 加 1 等于几，他应该懂得数学发展的历程，应该懂得数学的历史，应该懂得数学的哲学、数学的文化。这样的数学老师才是真正走进了数学的世界，才可能帮助孩子像数学家发现数学那样去学习，孩子才能真正地学得深、学得实。像北京第二实验小学的副校长华应龙，他是我非常好的朋友。虽然是数学老师，但他有着浓郁的人文情怀，他用自己强大的专业知识和教育心理学的知识，把数学课上得非常生动、非常灵动、非常受学生的欢迎。

同时，在学生的数学阅读上，数学教师也要懂得进行指导。现在已经有很多优秀的数学绘本，还有很多优秀的数学课外读物，像李毓佩教授就编写了许多关于数学的优秀课外读物。这些读物不仅帮助孩子更好地走近数学、理解数学、热爱数学，本身也是数学教学中非常好的辅助性的手段。所以，数学阅读本身，无论是教师的阅读还是学生的阅读，都有非常大的空间。

从专业写作来说，我也看到有些新教育实验的数学老师在坚持写数学日记，也就是学科写作。写作不仅仅是语文老师的事情，实际上每个学科都有一个学科写作的问题。要学会用学科思维的方式把数学教学中出现的各种问题，进行梳理、进行研究、进行具有学科特点的写作。另外，反思自己的教育过程与思维过程也非常关键。新教育实验非常强调专业写作，实际就是在很大程度上让教师不断反思自己的课堂，反思自己的教学，从而帮助教师更好地成长和更好地发展。数学老师也同样可以像语文老师那样成为优秀的写作者，不仅能让自己的课堂演绎精彩，还能让自己的文字传播精彩。

我觉得，作为老师虽然有不同的学科背景，但是为人师最根本之道是一样的，数学老师的成长规律跟其他学科老师的本质上应该是相通的。

比如，一个好的老师是善于追寻梦想的教师，应该为自己寻找人生的榜样，应该给自己寻找一个生命的原型，数学老师当然也不例外。

比如，新教育实验一直提出行动就有收获，坚持才有奇迹，对所有老师，包括数学老师也同样适用。

比如，有很多数学老师担任班主任，也应该像其他学科老师一样真正去走近孩子，去观察孩子，去研究孩子。而且，这些不仅是班主任的事情，也是每个学科老师的事情，作为数学老师对班上的孩子进行分析、进行研究，才会发现那些学习数学能力好的孩子和能力差的孩子，到底差别在哪里，原因在哪里，才可能对症下药。比如有的可能是知识背景的差异，在过去某些数学环节的基础没有打好，所以他要的不是现在反复地训练，而是把过去缺少的知识补上；有的则是惧怕数学，对数学没有兴趣，就需要研究怎样去增强他的自信心，培养他的学习兴趣。只有这样研究和深入，对每个孩子的发展历程进行梳理，才能让数学学科教育更精彩。

总之，教什么学科其实没有本质的不同，任何学科都只是我们剖析解读世界的工具中的一种。只要有一颗热爱教育的心灵、有一股不断向上的力量，能够坚持不懈地丰富自己、让自己成长，和孩子一起成长，任何学科的老师都一定能成为优秀的老师。在新教育实验中，同样如此。希望你也能够坚持努力，书写出自己数学故事的新篇章。

你的朋友：朱永新

小学大学问
——如何认识小学教育？

朱老师：

我从2003年开始接触您的书，那是我在南京草场门附近的一家教育书店，看到了您的《我的教育理想》，当时我非常兴奋，对呀，这就是我们所期待的教育。我还在网络上了解了您的有关教师成长“保险公司”，只是，我没有坚持天天“投保”，没有坚持写教学反思，没有坚持思考教育问题，所以，工作这么多年我依然没有自己的声音。这两年，因为学校工作安排，我经常带学生（师范生）到小学去实习。在小学教育现场，我发现了一些非常值得追问的现象，也为此而感到困惑。所以想向您请教这样的问题：什么是理想的小学课程？什么是理想的小学生活？在建设理想的小学课程、小学生活的过程中，学校、教师、家长应该做什么？期待您的回答。

老师：

你好！你的来信让我回到了世纪之初那激情澎湃的岁月。《我的教育理想》出版，意味着新教育正式驶出港湾，走向教育生活的海洋。你说的“成功保险公司”正是新教育“师生共写随笔”项目的一个通俗的表达。在教师成长的过程中，思考、写作与阅读具有非常重要的作用，真正的思考是从写作开始的。

你在来信中问，什么是理想的小学课程？什么是理想的小学生活？其实，新教育所说的“幸福完整的教育生活”就是理想的生活，新教育所说的卓越课程，就是理想的课程。

我曾经说过，当孩子每天对学校充满着憧憬，早晨急迫地想去学校，放学了对学校依依不舍，不想回家；当孩子脸上满是笑容，洋溢着幸福，这就是好的学校，就是好的教育生活。相反，如果孩子没有真正的童年，失去了童心的纯真，如果他们的学校生活充满了失败与沮丧，如果他们失去了凝望世界的明眸，失去了追求理想的冲动，就不是好的教育生活。

课程在学校生活中具有十分重要的作用，课程的丰富性决定着生命的丰富性，课程的卓越性决定着生命的卓越性。好的课程让知识拥有了生命的温度，师生与之相遇，并将生命体验融入其中时，就能够书写出生命的传奇。在学校中，教师牵引着学生通过课程推开通向世界的大门，每扇门外都有不同的风景。从根本上来说，理想的课程就是完美地实现了人的完整幸福。

你在来信中谈道："在建设理想的小学课程、小学生活的过程中，学校、教师、家长应该做什么？"这涉及学校、教师和父母三个方面的问题，其实在《我的教育理想》中我已经给过答案。这里再扼要说点想法。

从学校的角度来说，最关键的是要成为汇聚美好事物的中心，把人类最美好的东西尽可能汇聚到学校，让不同的孩子能够找到自己，发现自己，发展自己，成就自己。现在，我们许多学校不能够完成国家规定的各门课程，把与考试无关的绘画、音乐、体育等课程人为地停开；也有一些学校由于缺乏师资、设备等无法开设一些实验课程等，让许多有才华的孩子在分数与考试面前败下阵来。以艺术课程为例，小学阶段是人的艺术能力形成的关键时期，儿童对色彩、空间想象、旋律等的敏感性，需要在这个时期及时培养与唤醒，所以艺术教育就具有非常重要、不可替代的作用。更重要的是，其实，当孩子能够真正在学校找到他自己感兴趣的东西，找到适合他自己的东西，他就会积极主动地学习，就会快乐地学习，就会享受到学习的幸福，才会热爱学习。

从教师的角度来说，最关键的是要成为学生的"助学师"。教育的品质取决于教师的品质，学生学得如何在很大程度上取决于教师教得如何。新教育实验一直强调，教师应该加强专业阅读，站在大师的肩膀上前行；加强专业写作，站在自己的肩膀上攀升；建立专业发展共同体，站在团队的肩膀上飞翔。学会把自己的根扎在教室里，与学生一起成长。学会用爱和智慧去编织自己的教育生活，享受作为教师的尊严与成长。小学阶段的教师对孩子来说是"神"，孩子往往因为喜欢老师而喜欢某个学科，甚至喜欢学校生活。这个时期，教师应该让孩子学会主动探索，帮助而不是代替，成为他们学习的好助手。

从父母的角度来说，最关键的是要成为学校教育生活的参与者。我不太喜欢你说的"家长"，因为这个"一家之长"的概念，多少带有一些不平等的色彩。新教育需要新父母，没有父母参与的教育是不完整的。尤其是在小学阶段，孩子刚刚进入学校生活，如果不能够及时适应新的环境，教育就寸步难行。我们的读写绘、亲子共读等项目就是一种让父母参与的课程。父母对教育的理解越是深刻，对教育的参与度越高，教育的效果就越好。所以，我们希望小学生的父母能够把更多的时间留给孩子，与他们共读共写共同生活，与孩子一起享受成长的快乐，一起享受教育的精彩。

亲爱的老师，小学里有大学问。小学教师是为生命奠基，责任也一点不比大学教授少。做一个好的小学老师一点也不比当一个好的大学教授容易。希望你用心学习，当一个优秀的小学老师，在教育中享受到生命的幸福完整。

你的朋友：朱永新

从问题中收获成长的幸福

——如何对待问题学生?

朱老师：

班上有一位小男生，由于爸爸触犯法律坐牢，他妈妈和他爸爸离婚了，他被判给他妈妈，而且他是从农村来城里的。可能是这些家庭原因，造成了他孤僻的性格。他经常招惹其他同学，其他同学都让着他，没有办法时只能到我这儿告他的状，我也觉得这个孩子比较可怜，每次对他的教育都是好言相劝，说道理。可是，没过几天，他又我行我素。请问朱老师：对于像这样比较特殊的学生，我该怎么教育呢?

老师：

你好!

在很多学校都有所谓的“问题学生”。其实，任何问题都不会孤立存在，每个“问题学生”背后都有着非常深刻具体的原因，都是一道教育的难题。

比如你说的这个孩子，因为爸爸触犯法律坐了牢，父母离婚又跟着妈妈从乡村来到城市，他孤僻的原因实际上是基于他的双重自卑：一方面周围是城市的同学，而他来自农村，另一方面相对于健全的家庭，他身处离异家庭，父亲又坐牢。

一方面，从农村来到城市，离开他自小生活的熟悉环境，孩子对新环境的适应本身就需要过程。儿童最需要友谊，最需要其他人的尊重、理解和支持，可他的伙伴、他的朋友都不在身边。所以他在学校也得不到爱。

另一方面，他没有健全的家庭、缺乏父爱，这样的情况下，母亲往往会有两种情况，或者也很冷漠、缺乏母爱，或者心怀歉疚、过于溺爱，这两种极端都会对孩子的心理产生不利的影响。

双重自卑造成了他的孤独，他的心灵深处其实格外需要爱。但是，家庭和学校中爱的双重错位和缺失，毫无疑问会让孩子出问题。当他得不到所需的关爱、理解和认同的时候，他的心理会发生逆反，会通过特殊的，甚至触犯底线的行为，比如招惹其他同学，去引起别人的关注。

一把钥匙开一把锁。这样的孩子，仅仅靠好言相劝不能够解决他的根本问题。需要深度走进他的心灵，了解问题行为背后的深层原因，解开心结。究竟怎样去帮助他？毫无疑问，爱的缺失必须要用爱来偿还，逆反的心灵必须要用爱来纾解。

首先，要在教室里建立起一个孩子们相互之间彼此信任、彼此关爱的温暖场域，不要一直去劝这个孩子与其他孩子进一步走近，而是让孩子们之间彼此理解、信任、支持。在这个时候，甚至要更多去发挥孩子们的力量，让其他孩子懂得这个孩子，从而主动谅解、积极关爱这个孩子。此时我们必须注意的是，需要用教育的智慧来呵护这个孩子的心灵。家庭的变故是这个孩子的伤口，所以，不要直接去讲这个孩子的遭遇，而是通过大家共读关于友谊、关于成长的相关题材的童书，像《一百条裙子》这样促进孩子们彼此沟通、彼此相爱的读物，会让孩子们产生爱的移情，会让孩子们学会设身处地站在这个孩子的立场去思考问题。这样一来，在教室里形成了融洽的氛围，这个孩子在同学之间得到了爱和理解，他就会真正产生变化。

作为老师来说，更重要的是应该走进这个家庭，了解他的母亲和父亲对他实际的影响，尽可能地帮助他建立起积极的亲子关系。他的父亲尽管在坐牢，但毕竟是他的父亲，可以通过探望父亲或者父子通信的方式，进行亲子关系的修复。与此同时，对母亲的教育方式也要进一步了解。根据常理推测，如果这个母亲本身具有教育情怀、熟悉教育规律、懂得怎么去帮助孩子，孩子也不会出现这样的问题。所以，无论母亲是属于冷漠型还是溺爱型，都要通过不同的方式进行引导，帮助母亲矫正。所有问题孩子的背后，都有一个问题家庭。所有问题行为的背后，都有深刻的家庭原因。因为种种原因，现在很少有老师进行真正意义上的家访，很少有老师真正地去走进学生的家庭。其实，我们应该鼓励老师进行家访，尤其是通过家访而深入了解这些孩子。作为老师来说，当老师本身给予孩子特别的爱的时候，孩子也会产生移情，这份来自老师的爱，也会在相当程度上弥补孩子对父爱母爱的渴求。

冰冻三尺非一日之寒。这一类孩子的问题，不是一天两天形成的，所以，不要期待一天两天就能改变他们，不要期待一次两次谈话就能让他们蜕变，不要期待一件两件事就能让他们新生。足够的耐心，加上足够的爱，才能让一颗冻僵的心灵逐渐被滋润，逐渐被温暖。

问题本身并不是问题，如何对待它才是最大的问题。人生总要面对各种各样的问题，如果惧怕问题、回避问题，问题永远都是问题。如果勇于面对它，努力解决它，问题就不再是问题。所以，问题不可怕，可怕的是我们对待问题的态度。人生就是在解决问题中成长的，解决一个问题就前进了一步。

当孩子逐步好转起来的时候，我相信，老师也会同时越来越多地感受到幸福。祝福你，祝福这个孩子，愿你们都能早日收获成长的幸福。

你的朋友：朱永新

在博采众长和扬其所长之中

——如何形成个人风格?

朱老师:

您好！我是来自里下河水乡的一名青年教师，我工作的学校您曾于几年前来过。不过可惜的是当时我还未曾毕业，也就失去了一个向您学习的机会。您曾说过:“缔造完美教室，创造生命传奇，离不开教师的独特风格。教师的风格，将成为一间教室特色的最重要根源。”当前我区在缔造“完美教室”方面取得了显著的成效，孩子们对教室有强烈的归属感和认同感就很能说明问题。正如您所说的，这个过程离不开“教师独特的风格”。所以，我想请教您的是，对年轻教师而言,“风格”的内涵是什么？形成这样的风格又需要做哪些努力？期待您的回复！

老师:

你好！

你的问题非常有价值，也非常具有挑战性。一个教师要形成自己的风格并不容易，拥有风格就意味着你已经出类拔萃，甚至意味着你已经独领风骚，意味着你已经成为一名卓越的教师。所以，对于刚刚开始教育生涯的教师而言，首先应该追寻的是生命的成长，是自我的完善。此时距离风格的形成还有一段漫长的路程要走。但是，正如不想当元帅的士兵不是好士兵那样，给自己在起步之初就树立起一个高远的目标，也有“取法其上”的作用，所以对风格的认真思考和追寻践行，是很有价值和意义的。

风格的形成有两个关键词，一个是博采众长，另一个是扬其所长。没有博采众长就没有扬其所长。

教师的博采众长，就像蜜蜂采蜜一样，是一个不断采集花蕊的过程，是一个寻找风格的过程。事实上无论是阅读还是实践，到最后真正发挥重要作用的必然是和你生命最切合的、和你内在风格的潜力最贴合的，而这也不是一下子就能得到的。所谓“众里寻他千百度”，就是风格形成的第一个阶段，没有这样一个阶段，你就不可能“蓦然回首，那人却在灯火阑珊处”。“那人”指的就是你的风格，就是你真正的自我。

所有的学科、所有的大师在形成自己风格之前，都会进行卓绝的努力、艰苦的探索。作为一个画家，要形成自己的画风，没有大量的临摹，没有大量的练习，是不可能成功的。作为一名教师也是如此。我们没有必要所有的事情都去尝试，那会造成精力的过分消耗与浪费，但是经过理性判断取舍后的不断寻找是必需的，这样地追求最后才能找到最适合自己的。所以博采众长是形成风格的重要基础。在这个阶段最需要的是我们新教育所提倡的“三专”理论：专业阅读、专业写作、专业共同体。广泛地阅读，坚持不懈地写作，能为成长打下非常坚实的基础。

其次就是扬其所长。或者说是扬我所长。在博采众长的基础之上，在不断地探索与尝试之后，一个老师需要形成自己的内在风格，向世界宣告“我”的独特存在。

目前有个不太好的倾向，就是为风格而风格。不少老师为自己的课堂、为自己的教学做了很多命名，但很多命名比较幼稚，只不过是一种贴标签的行为。包括很多教学改革，也是一种具有贴标签性质的改革，其实深度的改变并没有真正发生。

真正的风格，它既是具体可以追寻的，同时也是自然生成的。有时候，在博采众长的过程中，坚持不懈地进行思考、探索和创造，在此基础上有了独创，这就是风格。有时候，在探索的实践中几种风格往往会形成一种新的交集、新的组合，也可能会产生一种新的风格。有时候，在一种已有风格的基础上产生的一种变异，会产生一种新的风格。还有时候风格是一个学派、一个流派。这时的风格也不一定是个人所独具的、完全具有独创性的风格，而需要一名老师从博采众长走向一种流派的风格后，再从流派里面寻找并创造自己独特的个性风格。从博采众长到一种流派再到个性化的独创，这是形成风格的一个可操作性最强的历程。

总之，风格的形成万变不离其宗，最重要的是，作为一名年轻教师在对自我的优势和劣势做出客观而正确判断的基础上，发扬了自己的强项，这才是形成个人风格的关键。独特的风格需要独特的优势，需要我们去寻找或张扬自己独特的优势。同样以画家来说，如果独特优势是色彩，就可以在色彩上淋漓尽致；独特优势是精致，就可以在精致上做到极致。因此，有的老师可能靠他的形象赢得学生，有的老师是靠他的语言征服学生，有的老师是靠他的态度去打动学生……不同的老师有不同的路径和方法，所以不同的老师完全可以有不同的风格。

了解到风格具有可以追寻得到和必须自然生成的辩证特点，我们就应该注意，风格既要自觉去探寻，又不能刻意去追寻。尤其要注意的是，“一屋不扫何以扫天下”，从一个人做小事的风格，往往可以看出他能否担任大业。优秀是一种习惯，需要我们从小事做起。所以，风格就蕴藏在教学的日常实践中。很大程度上，风格的形成取决于我们对所在领域不同风格的熟悉程度，对不同风格的驾驭和把握的程度。否则，有时我们自以为是的风格，实际上在别人身上早已淋漓尽致地发挥了，做得比我们更卓越、更优秀。这反衬出我们的见识不够，只是给自己贴了一个风格的标签。

这样以追寻风格而不断丰富自己，不断完善自己，不好高骛远，不过于急切，如此沉下心来修炼，当修炼到家了，你会有“蓦然回首，风格自在灯火阑珊处”之感，那时那刻，你的风格就自然形成了。为你加油。

你的朋友：朱永新

让语文回归生活
——如何做好听说读写？

朱老师：

随着“高考中增加语文分数”的呼声越来越大，这门学科越来越受重视了，语文教师的腰杆似乎要挺直了，但随之而来的迫切问题是，语文要怎样教，才能真正让我们的孩子学好母语呢？望解答。

老师：

如何教语文，让孩子们学好自己的母语，的确是一个大问题。其实，语文学科一直都是受到重视的。只不过，我们的语文教育出现了失误，语文的功能被异化成了“应试”。无论高考加不加分，这种状况都需要扭转。

我认为，仅就工具性来说，语文教育最重要的是培养学生的听说读写能力，让他们能够更好地沟通与表达，成为一个受人欢迎的人。

一是听。大家都以为外语才有听的问题，而语文没有听的问题。其实，在人际交往中，听非常重要。听的时间远远超过说的时间，这是因为，听意味着眼睛的交流、心灵的沟通，意味着能够对说者予以及时的反馈，意味着对人的尊重。有网友风趣地说：“我们花了两年的时间学说话，却要花数十年的时间学会闭嘴。”的确如此。有时候，不说比说更有智慧，也更不容易。不说，有时是为了藏拙，但更多的是为了倾听。我们拥有两只耳朵，而只有一张嘴巴，就是为了让我们能够多多倾听这个世界的声音。听并不仅仅是听见声响，还要在心中对声音的意义进行辨析和梳理。遗憾的是，在语文教育中很少有人教我们如何认真倾听、有效沟通。我们的语文教师，应该把这种最基本的能力传授给学生，这对学生一辈子都有用。

二是说。我一直认为，在语文教育中，说比写还要重要。写当然也很重要，但毕竟人际交往更多的是使用口语。说话能力是一个人最关键的能力之一。我们对一个人的评判，很大程度上是根据他的语言。同时，人的表现欲、自信心也在很大程度上取决于说话能力。有人说，我们的学生患了“集体失语症”，不会说话。这从另一方面反映出我们的语文教育没有重视说的能力的培养。新教育实验的读写绘项目和口头作文项目以及“培养卓越口才”行动，就是希望能够培养孩子的说话、沟通能力。

三是读。一个人的精神发育史就是他的阅读史，一所没有阅读的学校永远不可能有真正的教育。阅读是语文教育最基础、最关键的内容，而阅读能力的培养，也是教育最重要的任务。在西方的各种考试评价中，阅读能力始终是考察的重心。

著名教育家苏霍姆林斯基有两套教学大纲：第一套是学生必须熟记和保持在记忆里的材料，第二套是课外阅读和其他资料来源。这两套大纲不是相互矛盾的，而是相互促进和补充的。阅读最重要的不是为了考高分，而是为了培养真正的阅读兴趣与能力。学校教育的本质是教会学生学习的能力。学习的最重要的一条途径就是阅读。一个孩子在离开学校时还没有学会阅读，没有爱上阅读，这所学校的教育就难言成功。

四是写。现在许多学生害怕写文章，与语文教育没有找到好的方法有关。写作是一个熟能生巧的过程，现在的学生写作量太少，一个星期甚至一个月才写一篇作文。没有写作的训练，想写出很漂亮的作文是不可能的。另外，从外部环境来说，现在写作的“规矩”太多。首先是命题作文太多。作文考试让孩子们在没有体验、没有感受、没有激情的情况下去写文章，当然很难有精彩的东西。新教育要求学生坚持写日记，用心记录自己的生活和思考，这样，写作就是真情实感的自然流淌，写作能力也能够得到很大的提升。

亲爱的老师，让语文回归生活，让学生掌握基本的听说读写能力，爱上母语，是我们语文教师的重要使命。万丈高楼平地起，相信从这里起步，你会觉得语文教育更加美好。

你的朋友：朱永新

大音希声是行动的回响
——如何成为优秀的“舌耕”人？

朱老师：

有人说，教师是依靠自己的“嘴巴”谋生的职业。甚至有人说，口才是教师的第一能力，谈吐是教师的第二外貌。教师怎样使自己能说会道呢？

老师：

如你说的那样，教师的口才的确非常重要，因为教师吃的就是“开口饭”。一个教师，如果有一口标准流利的普通话，如果出口成章幽默风趣，如果吐词清晰抑扬顿挫，就会给学生留下深刻的印象，就会被学生所喜欢。

有人总以为，教师的好口才是天生的。其实不然。

说起来你可能不相信，我本来也是一个不会说话的人，更谈不上演讲了。小学的时候，我甚至有很长一段时间“结巴”，不愿意讲话，经常是一个人沉浸在书本之中。到了中学，情况有所好转，但也只是与好朋友交流交流。所以，读大学之前，我好像连小组长也没有干过。

进大学以后，我读到一本传记，其中讲到这个传主如何把石子含在嘴里训练口才的故事，对我的震动很大，我开始意识到表达与沟通能力的意义，于是经常主动地讲话发言，甚至愿意“承包”别人不太愿意做的事情，代表小组交流讨论的结果。尽管有时候也出洋相、闹笑话，但是我行我素，依然如故。慢慢地，我发现自己会说了，自信了。

我个人的这段经历，成为后来新教育实验的“十大行动”之一——“培养卓越口才”产生的重要背景。我一直认为，人的表达与沟通能力是非常重要的，也是一个人一生最需要的东西之一。无论从事什么职业，善于表达和沟通的人，总会有更多的机会。教师，是以“舌耕”为业的，自然应该有语言表达的能力；领导，是以鼓动激励为重要工作内容的，自然应该是演讲的高手；企业家，要营销自己的产品，自然应该“巧舌如簧”；演员，要感动观众，不仅讲话要抑扬顿挫，甚至要调动肢体语言。哪怕我们每一个普通的人，在日常生活中，这种表达与沟通的能力也是不可或缺的。人与人的矛盾，90% 是由于沟通不畅造成的误会。

在新教育的实践中，我们逐渐认识到，口才训练、沟通技巧固然重要，但如果没有思想的力量，再好的口才也是不能够感动人的。所以，我们在新教育实验中提出，“要想说得精彩，必须思考得精彩”。

演讲的最高境界，已经不是语言，不是激情，而是思想。离开了爱人、爱世界的心灵，即使最高技巧的演讲也会变成缺乏人性的煽动。阅读是思想之母。所以，新教育实验强调阅读，主张“营造书香校园”，认为一个人的精神发育史就是他的阅读史，以各种方式推动阅读。另外，和阅读的“输入”相同，“说”的前提是“听”。说话的艺术在很大程度上取决于听话的艺术。善于聆听的人，才能够激发起对方表达与沟通的兴趣，才能够深入了解对方的思想与意图，也才能够真正地说到位，说清楚，说流畅。所以，我一直主张语文教学还应该教会学生聆听。如学会在别人讲话的时候眼睛看着对方，学会用心理解对方讲话的要点与目的，学会用肢体语言积极地反馈和肯定等。而且聆听本身也是对人的尊重。

当然，讲演的效果不仅取决于思想的深刻，更取决于行动的力量。真实做出来的事物，自己亲身体验的事物，比任何语言都更能打动人。讲演的最高境界，不是用“嘴”说话，而是用“心”说话，用“行”说话。

所以，演讲者需要训练技巧，更需要丰富思想，需要付诸行动。具体到作为一名老师，首先要学好国家的通用语言文字，讲好普通话。否则学生连你的话都听不懂，沟通都非常困难，当然谈不上其他教育问题了。

其次也要学习讲话的技巧，如上课、讲演时如何开头，如何用鲜活的故事感染人，如何加强课堂的逻辑理论。这些大部分属于讲话的“技艺”，找一些相关的教科书参考书，有针对性地训练，应该是能够学会的。熟能生巧，关键是大胆练习，抓住一切机会开口，不要害羞，不要怕出丑。

在解决“技艺”层面的问题以后，最关键的，自然就是思想层面与行动层面的问题了。诗人写诗的功夫在诗外，教师讲话的功夫在课堂之外，所以，需要坚持阅读，让自己的心灵汇聚众家之长，让自己的语言拥有思想的力量。

最后，就是行动。知行合一，用事实为演讲佐证，就会让自己的语言具有情感的温度。情理交融，令人动容。在这个层面上，演讲也会达到“大音希声”的境界。为什么许多新教育榜样教师在演讲时，只是默默播放一张张教室里的照片，就能够让听众感叹不已？就是这个原因。

这就是成为一个优秀“舌耕”人的最重要的秘密。

你的朋友：朱永新

每天拥抱一轮新的太阳
——如何做好教育创新?

朱老师:

现在从上到下都非常强调教育的创新。但是，作为一线教师，我们日复一日、月复一月、年复一年地在教室里劳作，有什么创新的必要，又如何去创新呢?

老师:

的确，创新对于教育来说非常重要。创新是一个民族的灵魂，没有创新就没有社会的进步。创新也是教育的真谛，没有创新就没有教育的发展。我曾经说过，理想的教师，应该是一个追求卓越、富有创新精神的教师。

教育家和教书匠的一个最大区别，就是教育家有一种追求卓越的精神和创新的精神。我们很多父母在为孩子挑教师、挑班级的时候，都喜欢挑一个年纪大一点儿的“富有经验”的教师。我对他们说，你们不要这样，教育家是不分年龄的。一个教师不在于他教了多少年书，而在于他用心教了多少年书。一些人，他教一年，然后重复五年、十年乃至一辈子，拿着一张教育的旧船票，每天重复昨天的故事；有些人，实实在在地教了五年，每天拥抱的是一轮新的太阳。一个实实在在教五年的人，与一个教了一年却重复了一辈子的人，他们的成就是不一样的。

一个优秀的教师，应该是一个不断探索、不断创新的人，应该是一个教育上的有心人。一个人之所以能够成功，在很大程度上是因为他是个有心人。有心就能有发现，无心就会熟视无睹。尽管我们有时说，有心栽花花不发，无心插柳柳成荫，但是，毕竟大部分情况是有心栽花花自发，无心插柳柳无荫。这个基本规律我们不能忘记，我们不能把成功建立在不可捉摸的侥幸和偶然上。

所以我说，如果你不信，你从今天开始写教育日记，做一个有心人，认真总结教育的得与失。一件事情，今天成功了，是怎么做的？有什么体会？有什么感受？今天产生了一个矛盾，是怎么解决的？今天遇到了一个挫折，又有什么样的感受？你把这些原封不动地记录下来。五年以后将那些最精彩的东西选编出来就是最精彩的书。那些闪烁“火花”的东西，会给读者强烈的心灵震撼。

现在的问题是，我们很多人激动了一下，兴奋了一下，却没有付诸笔端，这些“火花”不久就烟消云散了。做一个有心人，什么都能做学问。在有心的前提下，才能把各种碎片编织成最美丽的服装。本来那碎片单独看好像没有价值，实际上那不是因为它们没有价值，而是因为它们的价值没有被发现，没有被利用。如果你把它们加以组合，它们就会光彩夺目。

所以，优秀的教师应该是一个有心人。中小学教师搞教育科研，就是应该从记录教育现象、记录自己的感受、记录自己的思考开始。把这一颗颗的“珍珠”穿起来，那就是一条非常美丽的项链。这样的教育科研应该鼓励。当然，这并不排斥我们的教师和专家们合作，进行一些理论上的探讨，但毕竟中小学的教育科学研究和大学老师的研究是不一样的。我非常赞赏教师记教育日记、写教育叙事、研究教育个案，这些都是一线教师创新的前提。

创新，在一定意义上就是走自己的道路，形成自己的风格。就是创造与众不同的品牌，打出自己的旗帜。当然，正如爱迪生总结的：“每次我要发明什么，定要先参考以前的人在那个问题上做过了什么。”创新、创造不是空中建楼阁。人类文明是一代代传承发展而来的，所有的发明创造都是在前人的发展创造、前人的辛勤劳作基础上进行的。所以，越是基础深厚，越是了解前人的研究过程与成果，就越有可能有新的贡献。可实事求是讲，现在我们有很多教师，包括评选出的许多优秀教师、特级教师，都没有自己的特色。我们现在评选优秀教师、特级教师时，往往是看他发表的论著有多少，而实际上很少探究他独特的一面。我认为只有真正建立自己的风格、自己的体系，才能成为一个教育家，“风格即人”。只有形成风格、体系，才能成为大家。

简单地说，创新，就是做最好的自己。

你的朋友：朱永新

创造的起点是问号

——如何提出有价值的教学问题？

朱老师：

您在上封信中讲到要做最好的自己，我非常同意。这里我想请教的另外一个问题是：创造与问题的关系是什么呢？为什么许多科学家都特别强调问题在科学研究和创造中的作用呢？

老师：

的确，作为一线教师，所谓创造，不是让我们去搞科学发明，而是善于在日常的教育生活中提出问题和解决问题。

2007 年 1 月，80 高龄的李政道教授回到故乡苏州，与苏州大学的学生述说了自己的“学问经”。一位女同学请教他：“尊敬的李老师，您是 20 世纪最杰出的物理学家之一。请问，您是怎样治学的？您的治学之道对您在物理科学研究上取得巨大成就起了什么作用？”李政道说，你提的这个问题，很多年轻人都问过。我的回答很简单：学问，学问，要学“问”。只学“答”，不学“问”，非“学问”。

李政道先生语重心长地对苏大的学子说：我们有些同学也很用功，整天读背现成的答案，这种只会背别人的答案的“只学答”，短时间能勉强记住，应付考试，但不能增强自己的学问。做学问，一定要先学“问”，自己能提问题，再经过自己的思考想问题，自己求得答案。这才是一种创造性思维，才能真正掌握学问，增长学问。他还讲述了自己小时候和在西南联大求学时的故事，告诉大家，正是“好问迷”成就了自己。

在苏州担任副市长期间，我多次接待过李政道先生，他几乎每次都会强调：善于提问，是科学发现和创造发明的重要前提。其实，不仅是李政道，几乎所有的科学家、教育家都非常重视问题与提问。爱因斯坦说：“我没有什么特殊的才能，不过是喜欢寻根刨底地追究问题罢了。”普列汉诺夫说：“有教养的头脑的第一个标志就是善于提问。”陶行知先生也多次阐述这个观点。他写道：“创造发明千千万，起点是一问。禽兽不如人，过在不会问。智者问得巧，愚者问得笨。人力胜天工，只在每事问。”（《陶行知全集·卷七》，P49）他认为，学问学问，学的关键在于问。敢于提出问题，善于提出问题，是善于学习最显著的特征。学习的品质，也在于问题的质量。所以，陶行知特别欣赏打破砂锅问到底的精神，认为这是学习的诀窍。他说：“天地是个闷葫芦，闷葫芦里有妙理。您不问它您怕它，它一被问它怕您。您若愿意问问看，一问直须问到底！”

如何提出问题？陶行知提出了何事、何故、何人、何如、何时、何地、何去、几何的八个问题：“我有八位好朋友，肯把万事指导我。你若想问真名姓，名字不同都姓何。何事、何故、何人、何如、何时、何地、何去，好像弟弟与哥哥。还有一个西洋派，姓名颠倒叫几何。若向八贤常请教，虽是笨人不会错。”（《陶行知全集·卷七》，P777）

陶行知曾经分析过科学创造的基本过程：“行动生困难，困难生疑问，疑问生假设，假设生试验，试验生断语，断语又生了行动，如此演进无穷。”毫无疑问，行动是逻辑的起点。但是，问题却是创造的关键。没有真正的问题，不会有正确的思想产生，也不会有科学创造的生活。

问题在于，如何提问？如何产生问题？陶行知这里说的“八贤”，其实就是提出问题的八种方法。何事——什么事情？何故——事情发生的原因是什么？何人——事情涉及哪些人？何如——事情的来龙去脉？何时——事情发生在什么时间？何地——事情发生在什么地方？何去——事情会有怎样的结果？几何——事情的关键点在哪里？

这“八贤”其实就是提问的方法论。对于学生来说，养成求知发问的习惯，保持对于事物的好奇心和探究心，是非常重要的，而对于教师，则应该保护学生的好奇心，创造宽松和谐的民主氛围。教育需要民主，创造需要民主。专制的教育只能够培养听话的奴才、驯服的工具，不能够造就具有创造精神的人才。陶行知认为，虽然在不民主的环境下，不排除出现一些创造力强的孩子的个案，但是那不是教育的正道，不是教育的规律。要真正开发人的创造性，真正让大部分孩子的创造性得到解放，就应该思维活跃，开动脑筋，大胆想象。要实现这个目标，没有民主的范围，拘谨胆小，前怕狼后怕虎，是不可能实现的。所以，教师要养成与学生平等对话、交流的习惯，鼓励他们提出问题，更要把提出问题的方法教给他们。

当然，作为教师，在鼓励学生提问、鼓励学生创造的同时，要学会自己提出问题、自己解决问题。记住：创造的起点是问号。

你的朋友：朱永新

复活知识是优秀教师的标志
——如何有效进行专业阅读?

朱老师：

您在《好老师是民族的希望》中说："教师在拥有扎实学识的同时，更应该拥有复活知识的能力，在对学生们授之以鱼的过程中实现授之以渔的目标。"我觉得，这是一个非常重要的概念：复活知识。教师要获得"复活知识的能力"，可能有很多途径，但专业阅读肯定是其中之一。那么，请您从专业阅读的角度，来谈一谈教师怎样获得"复活知识的能力"。

老师：

来信收到。没有想到，那篇发表在《中国教育报》的长文中的这句话引起了你的关注。

我们知道，所谓知识，主要是指人们在认识世界和改造世界的实践中所获得的认知和经验的总和。所谓复活知识，则是指把这些认知和经验，不是原封不动地传授给学生，而是尽可能地为学生还原发现和获得这些认识和经验的过程。也就是说，复活知识，就是让知识还原到它最初被发现的状态，让学生能够经历科学家当初发现知识时的过程，让学生主动发现知识，而不是被动记忆和接受知识。复活知识，是优秀教师应该具备的一种能力。因为，只有具备这种能力的教师，才能自觉地引领学生去探索和发现，去创新和创造。

正如你在信中所说，教师复活知识的能力，与教师的专业阅读无疑是分不开的。所谓专业阅读，是指基于教师专业发展的阅读，是教师在教育教学过程中直接作用于专业实践的自觉的阅读。新教育实验曾经提出教师专业发展的"三专"理论，即专业阅读、专业写作和专业交往。专业阅读是指站在大师的肩膀上前行，专业写作是指站在自己的肩膀上攀升，专业交往是指站在团队的肩膀上飞翔。其中，专业阅读是基础，是纲，纲举才能目张。

为什么新教育实验在教师阅读上，特别推崇专业阅读？这是因为，阅读同时具有共性和个性两种需求。一方面，无论从事什么职业，无论加入什么群体，在不同中总会存在着相同，可以共同阅读许多基础图书。这一类图书，我们称之为共同的精神底色。这是教师在拓宽视野时需要关注的问题。但是，另一方面，每个群体，每个职业，都有自己的特点，阅读的结构会不一样，会有自己这个群体、这个职业特点的特殊之处。后者即为专业阅读。教师的职业特点和教师的专业要求，当然对教师的专业阅读提出了特殊要求。

教师的专业阅读对于教师的成长具有非常重要的意义。任何学科的教师，如果没有专业阅读的训练，没有相对成熟的专业素养，是难以真正承担起“复活知识”的重任的。因为，复活知识的前提，是要求教师了解这个学科的发展历史、基本原理和方法，了解这个学科的文化基因、发展趋势和面临的挑战，同时还能够把那些碎片化的知识通过一定的逻辑和体系整合起来。所以，我们研制了中国中小学教师基础阅读书目，从职业认同、专业发展、视野拓展三个方面，帮助教师提高自我整合知识的能力，为教师“复活知识”奠定基础。我们还在这个基础之上，正在研制分学科的中小学教师阅读书目。我们的梦想，就是能够为教师的成长提供一幅可靠的专业发展的“藏宝图”。

当然，我们说的专业阅读，本身也包括专业阅读的方法与路径。我觉得关键就是两个字:“专”与“问”。所谓“专”，就是能够专心致志地精读某一个领域的书籍。物理学家丁肇中先生只用 5 年多时间就获得了物理、数学双学士学位和物理学博士学位，并在 40 岁那一年获得了诺贝尔物理学奖。他在总结自己的成长经历时说：“与物理无关的事情我从来不参与。”这话可能有点偏激，但的确说明了“专”的重要性。教师的专业阅读需要由“浪漫期”进入“精确期”，“精确期”的阅读相对就体现了这种“专”。美国管理学家托马斯·卡林经过研究发现:“在任何一个领域里，只要持续不断地花 6 个月的时间进行阅读、学习和研究，就可以使一个人具备高于这一领域的平均水平的知识。”也就是说，只要我们坚持一定时间的专业阅读，完全可以在专业领域具有一定的水准。如果能够坚持不懈地进行专业阅读，自然有可能成为这个专业领域的“小专家”。成为这样的“小专家”，无论是对知识的整体把握，还是对知识的逻辑关联的认识，都可以成竹在胸。

所谓“问”，就是能够在专业阅读的过程中提出问题。爱因斯坦曾经说:“我没有什么特殊的才能，不过是喜欢刨根问底地追究问题罢了。”李政道博士在论治学之道时也说过：“学问，学问，要学‘问’。只学‘答’，不学‘问’，非‘学问’。”

也就是说，做学问，一定要先学会提出问题。自己能提问题，再经过自己的思考想问题，自己求得答案，这才是一种创造性思维，才能真正掌握学问，增长学问。知识复活的过程，往往需要对知识进行提炼概括和理性深化，这是加深对知识理解的重要环节，也是对知识进行融会贯通必不可少的思维过程。这个过程其实就是“问”的过程。

在专业阅读的过程中，善于提出问题、分析问题，自然就能够把握知识的源流和内在的关系。专业阅读中的提问，通常要解决三个“W”，即“是什么”（WHAT）、“为什么”（WHY）、“怎么办”（HOW）三大问题。“是什么”的问题要搜集事实和认清事实，“为什么”的问题要解释事实，“怎么办”的问题要由认清事实转而解决问题。

陶行知先生曾经把这三个基本问题进一步细化，介绍过提问的八种方法（“八贤”）。何事——什么事情？何故——事情发生的原因是什么？何人——事情涉及哪些人？何如——事情的来龙去脉？何时——事情发生在什么时间？何地——事情发生在什么地方？何去——事情会有怎样的结果？几何——事情的关键点在哪里？同时我们也可以用思维导图或者“知识树”等方法来厘清问题、理清关系，这样在我们的心中就会形成一个完整的体系，知识自然也就活了起来。

顾明远先生说：“现代社会职业有一条铁的规律，即只有专业化才有社会地位，才能受到社会的尊重。如果一种职业是人人可以担任的，则在社会上是没有地位的。”现在，教师的地位不高，与教师的专业化程度不高是有关的。而专业化程度不高，在一定程度上与教师相对缺少高品质的专业阅读、缺乏复活知识的能力有关。

美国教育界有一句流行的话：“谷歌里有的东西，不需要老师在课堂里讲。”这句话虽然有些绝对，但是，在信息时代的现在，是值得我们深思的。过去的时代，教师是知识的“搬运工”，只要把死的知识从自己的脑袋里搬到学生的脑袋里，就算完成了教学任务。但到了知识大爆炸的今天，教师只有拥有复活知识的能力，让学生拥有活的知识，才能让学生掌握发现知识、运用知识的技能，才能让学生拥有创造新知识的本领。相信会有越来越多的教师，在复活知识的过程中，更深切地发现教育的价值和意义。

你的朋友：朱永新

第三辑　愿我书写一部教师的生命传奇

一位老师抓住了每一天的生活，关注了每一个教室里的每一个日子，让每一天都值得孩子记住，他就能够创造教育的传奇，就能够拥有真正的幸福。

一位老师，真正用心守住了自己的教室，就会赢得校长、老师、学生们的敬重。

教育的舞台很大，演出的时间很长，一幕没有演好还有机会。只要不断努力，就会一幕比一幕更精彩，到谢幕的那天，即使没有雷鸣般的掌声，也会心安无悔。

幸福通过分享而愈发丰盈
——如何向榜样教师学习？

朱老师：

我觉得新教育倡导“过一种幸福完整的教育生活”，是一种极其美好的朝向。也许正是如此，我从教23年来，唯有接触新教育的这5年，这种作为教师的职业幸福感，尤为强烈。

可是，这种幸福与完整，在我看来，是必须有前提的。就像我听说一位新教育榜样教师平时忙于工作，只能让父母坐几小时的车去给发高烧的女儿做饭，寒暑假期间放弃休息给孩子们补课……但是，朱老师，新教育倘若真的要走进每一个普通教育人的心里，那么，它一定是有前提的，那就是在守住家的基础上，才可以去坚守一间教室。一个连自己的孩子都疼爱不了的母亲，如何去疼爱别人的孩子？一个连自己的身体都照顾不好的人，又如何去照顾一个班的孩子？这样的新教育教师，生活可能幸福完整吗？

老师：

是的，我完全同意你的观点。新教育的幸福与完整，一定不只在教室里，一定还包括在家里。家的幸福与教室的幸福兼而有之的幸福，才是完整的幸福。新教育的榜样教师，不应该是牺牲健康牺牲家庭而坚守在教室里的那些老师，而应该是身心健康，热爱生活，既能做称职的父亲、母亲、爱人、儿子、女儿，又是个好老师的人。

新教育倡导的幸福完整的教育生活，给许多老师带来了职业的尊严与幸福感，一大批老师的激情被点燃，成为教育的追梦人。但是，不仅这位老师，还有很多人都跟我说过，许多新教育的榜样教师，如“飓风大姐”郭明晓等，在让所有的人肃然起敬的同时，也让更多的人望而却步，觉得无法效仿。

无法效仿的榜样，就失去了榜样的意义，就意味着并非榜样。那么，这些新教育榜样，真的无法效仿吗？

大家熟知的“飓风大姐”，每天用诗词开启新的一天、每天给学生父母写一张便笺、每周写一封长长的信、每天记录自己的教育生活、每学期排练一个童话剧，还开发了一些颇具特色的课程……这些事，需要投入多少精力与时间，可以想象。所以也曾有人说，新教育是“一群傻子跟着一个疯子”。因为我自己每天早晨5点多开始工作，阅读，写作，进行新父母晨诵，与一线老师交流……是这样，才能圆满完成繁忙的日常行政工作，又开辟出新教育的田园。

透支生命做事，并不值得提倡，当然也不是榜样。但在精力许可的范围内，一个人将时间用在哪里，就完全是自己的自由。当我们完全实现自己这一点自由意愿时，也就有了真切的幸福感。比如，有的人觉得睡懒觉幸福，可我哪天要是睡了懒觉，我就会痛感浪费了时光，只觉得满心愧疚、浑身不自在，又哪有幸福可言？

其实，这个世界上，真正的天才少之又少。新教育人不是金身铁骨，这些让大家感觉似乎“敬而远之”的新教育榜样教师也都是普通的人，有七情六欲、有家庭生活、有喜怒哀乐、有酸甜苦辣。榜样与非榜样，其实本质完全一样，都是普通人。

但我们可以说：一般教师，是依然沉睡着的生命，而榜样教师是苏醒过来的生命。这种生命的苏醒和生命的透支，外表有点类似，实质截然不同。正是因为这种苏醒，才让榜样教师们有了清醒的抉择：在旅游与共读间，他们并不排斥旅游，但他们认为共读能够得到更宁静深邃的幸福；在与亲人团聚和为学生付出之间，他们当然同样思念亲人，可在得到亲人理解之后，他们选择了付出，如同蜘蛛夏洛般，去为更弱小的生命编织那张幸福的网……幸福是一种奇异的事物，如英国哲学家杰里米·边沁所说的：“我们在分给他人幸福的同时，也能正比例地增加自己的幸福。”如果是物质，你给我一个苹果，我给你一个苹果，我们每个人仍然只拥有一个苹果。换成了精神，你给我一个思想，我给你一个思想，我们彼此会拥有两个思想。幸福就是这样越分享越多。独乐不如众乐。在亲人的理解与支持下，教师把原本只属于自己的幸福，分享给更需要帮助的学生，教师自己不仅不会失去幸福，反而会得到更多幸福，我相信，这才是这一类老师行动的主要动力所在。

一分耕耘一分收获，每个人的时间最后用在哪里，是能看见的。因为不同的选择，而有了不同的收获，榜样才成为榜样。我们更多的人是通过看见榜样的选择与收获，意识到生命可以无限地接近某个境界，看到生命还具有无限的潜能、无穷的可能。

所以，在这个解构英雄的时代，我们讨论向榜样学习，选择学习什么非常重要。每个人都不完美，榜样也有自身缺陷。学习新教育的榜样教师，不是照搬照抄他们的日常生活方式，而是学习他们执着的人生态度和认真的工作精神，让自身的创造力得以最大程度的发挥，最终让自己的生命也绽放如花，向世界宣告自己存在的意义与价值。

如此，在辛勤劳作后诗意地栖居于大地之上，当然就是完整的幸福。

如果，每一个新教育人，因为新教育，他们更热爱生命了，更善于（会）生活了，更能给工作注入思考与活力了，那么，这，才是真正的幸福与完整。

你的朋友：朱永新

教室就是幸福源泉
——如何师生共同创造幸福？

朱老师：

您发起的新教育实验主张让师生过一种幸福完整的教育生活。幸福，一直是人类的终极追求。人们曾经用四叶草来形容幸福的来之不易。据说，四叶草是亚当、夏娃从伊甸园带入人间的草。每十万株三叶草中才有一株四叶草，第一片叶子叫希望，第二片叶子叫付出，第三片叶子叫爱，第四片叶子就是幸福。三叶草常见而四叶草不常有，所以幸福不容易。那么，每一间普通的教室里的每一个普通的老师、学生，又怎样才能幸福呢？怎样才能让教室成为师生幸福的源泉呢？

老师：

是的，当我们的孩子在舞台上说幸福时，他们就真的幸福了吗？当我们的教师在教室里说幸福时，他们就真的幸福了吗？有的时候幸福是装出来的，有的时候幸福是喊出来的，但是只有当幸福从心田里流淌出来，才是真正的幸福。

作为教师，只有当教师在工作中找到了职业尊严的时候，只有当教师感受到自己真的在拔节成长的时候，只有当教师在阅读中感受到书中思想和自己的心灵产生共鸣发生建构的时候，只有当教师发现自己和孩子们的生命在小小的教室里开花结果的时候，他才会感到幸福。

幸福的获取无非有三种途径，第一种是来自物质生活的满足。一个人衣食无忧，挣的钱很多，比别人多得多，可能会感觉到幸福，一段时间财物多少有可能给人带来幸福。但财富最终是不一定能给人带来幸福的，很多有钱人过得并不幸福，所以想从财物中寻找幸福，希望不是很大，这是与物的关系。

第二种是来自人际关系的满足。人处在一定的社会关系之中。作为社会的人，受到尊重、受到信任，成为大家欢迎的“人缘儿”，就会感觉很幸福。所以当一个老师真正地让孩子从内心里喜欢你、尊重你的时候，你就很幸福。反过来，当一个教师让孩子们发自内心地讨厌你，表面上还叫你老师，但背后瞧不起你的时候，你一定不会得到幸福。当你的同事都觉得你这个人不怎么样，你也不会得到幸福。当你从同事目光里、从孩子们的眼神中，能够读到满足和尊重的时候，你就幸福了。所以你的幸福在很大程度上来自你的职业，来自你每天生活的校园和教室。教室是我们幸福最重要的来源，因为教室是一个关系的主宰者。

当然，第三种也是最大的幸福来自内心，是人和自己的关系。人在世间就这三个关系，人和物的关系，人和人的关系，人和自己的关系，最大的幸福来自人和自己的关系。人和自己的幸福在哪里？在自己的梦想里，你大胆地去想，大胆地去努力。人不断地超越自己，超越自己给自己设定的目标的时候，你会得到最大的满足。

以这三种幸福来辨析，作为教师的幸福，很显然有着两大来源：一是来自孩子，二是来自专业成长带来的事业成就与生命尊严。

作为教师，外在的东西好做，班徽、班歌、班训、班诗，还有仪式、庆典等，真正难做的是拥有教育的良知。作为一个老师，你该负起怎样的责任，你的使命是什么，你的天职是什么，这是一个很多教师并没有从内心深处关注的问题。

事实上，一位真正好的老师，可能会无数次自觉不自觉地向内心提出这样的问题：我的使命是什么？我的天职是什么？我既然来到这个教室，能带给孩子什么？我怎样为孩子创造出最大的发展空间？我怎样让班级中的每一个孩子得到最大的发展？就在追问这些问题的过程中，目标逐日明晰，幸福也就逐渐清晰。这样，一间教室就会成为孕育幸福的不绝源泉。

关注到每一个生命，是一间教室让人幸福的缘由之一。好老师的最大成就，不仅是帮助最好的学生迅速成长，也是帮助落后的孩子得到最大发展。但这还不够，教师应该关注到每一个学生。不信我们仔细看一看，一般的教室里很多孩子是被忽略的。不仅仅在教室里，我们教育制度、考试制度的设计，很大程度上是为了遴选特别优秀的孩子，所以我们的课程设计使得大部分孩子都难于跨越，离开了日常的生活，孩子们最需要的东西我们没有给他们。在一间教室里，是否能够让每一个人都成为教室的主人？是不是让每一个孩子都享受到班级里的快乐？这是最关键的。关注到每一个孩子，这是非常重要的认识。同时，老师还要学会正确地关爱自己。老师也是一个独特的生命，像废寝忘食之类的事，可以作为拼搏的状态，却绝对不能成为常态。老师要学会科学、合理、从容地安排自己的生活。

关注到每一个日子，是一间教室让人幸福的缘由之一。一个教师，做好几件事情容易，对待几个重要的日子容易，但是要对待每一天并不是件容易的事情，因为人的情绪有喜怒哀乐，有高涨时，有低落时。但是要每一天都用心去做，这是关键的。一个人成就的大小，并不在于那重要的几天，往往在于日常的生活。一位老师抓住了每一天的生活，关注了每一个教室里的每一个日子，让每一天都值得孩子记住，他就能够创造教育的传奇，就能够拥有真正的幸福。所以，珍惜每一个平凡的日子，用心过好每一天，是教师幸福感形成的重要途径。

关注到每一个课程，是一间教室让人幸福的缘由之一。我曾经说过，完美教室是一根扁担，一头挑着课程，一头挑着生命。因为学校教育中，师生生活基本是由课程连着课程实现的。有人统计过，一个人在 9 年义务教育阶段大概上了 9500 节课，如果这些课堂是呈现出伟大的课程，如果这些课程准确呈现出知识本身的魅力，我相信那一定激动人心，一定会让每个孩子抱以期待。当每个孩子每天早晨都怀着热切的期盼走进教室，满怀喜悦地和老师一起探索与发现知识的魅力时，孩子们将会觉得时间非常短暂，心灵特别充实。当然，要做到这一点，并不是一件容易的事。这些课程之所以伟大，不仅是靠鼓舞人心的仪式、活动、庆典，同时更来自知识与生命的契合、未知和已知的建构、书本与生活的交融，从而让包括老师在内的每一个生命，都得到最大的张扬、最大的成长。

人活着的意义，或许就在于活出独特的自己。让每个生命在教室里绽放出各自独一无二的美丽，是新教育“缔造完美教室”行动的最高使命。在一间教室里，如果老师和学生的生命都得到丰富的滋养和最美的呈现，那就是教室中的幸福之泉悄然喷涌的时刻。

你的朋友：朱永新

你是自己教室的国王
——如何让领导认可自己的探索？

朱老师：

您好！我十分认同新教育的理念和实践方式。作为一名普通教师，如何凭一己之力在学校推行新教育呢？

老师：

你在信中说，作为一名普通教师，非常认同新教育的理念与实践方式，但苦于没有行政的权力，难以凭一己之力在学校推行新教育。其实，这也是许多一线老师曾经给我讲过的问题，这样的一些老师都苦恼于校长对新教育不熟悉不支持，让他们难以做自己喜欢的新教育。所以，这个问题看起来似乎有些道理。

但事实上，这个问题是站不住脚的。中国古人有句老话：达则兼济天下，穷则独善其身。其实，每个老师都是自己教室的国王，关起教室的门，你就有了施展才华的空间，总是能够做一些事情的。所以，不妨从你自己的教室开始，晨诵、午读、暮省，从你自己的专业成长开始，专业阅读、专业写作、专业发展共同体。用你学生的成长，用你自己的变化，来证明新教育的成果。当你开出一朵花儿，花香蝶自来。

给你讲两个最近发生的故事。从今年年初开始，滨州教育局就通过一位刘洁老师邀请我去参加新教育实验区的启动仪式。这位网名叫秋叶一片的老师告诉我，她是当地无棣县第一实验学校的一名普通的小学语文老师。2007年，她偶然邂逅了新教育，接着就在自己的教室里开始了儿童课程，读写绘，晨诵、午读、暮省，亲子共读，理想课堂……渐渐地，孩子变化了，父母成长了，口碑好了，影响大了，自然而然的，校长认可了。接下来，县教育局专门为她召开了现场会。再接着市里发现了，新教育竟然能够让教师和学生发生如此大的变化？于是决定在整个滨州市推广新教育实验。

刘老师说，六年来，因为新教育的一个个课程，岁月给了她太多额外的奖赏，她也希望新教育在她家乡的土地上生根开花。现在这个梦想成真了，她特别希望我再去滨州播一次新教育的种子。虽然我事务繁忙，但谁能拒绝这样的邀请呢？最后，到了年底，我终于参加了滨州新教育实验区的启动仪式，也见到了这位执着而智慧的老师。

另外一个是甘肃省庆阳市的故事。该市西峰区温泉齐家楼初级中学本来是一所“偏僻、闭塞、沉闷”的农村落后中学，2008年，学校的李建忠校长参加了在苏州的一次新教育课程展示活动，回到学校就开始了他的新教育之旅，以书香校园、理想课堂、卓越课程为抓手，办学质量不断攀升，先后有省内外数百所学校几万人前去参观学习。

学校的变化惊动了庆阳市教育局的卢化栋局长。他亲自点将把李建忠调到庆阳市实验小学担任校长，负责全市的新教育实验专业指导。李建忠到实验小学一年多的时间，又把学校的新教育实验做得风生水起。我在该校五年级迎春花班听课时，杨洁老师和她的孩子们给了我太深刻的印象和太多的感动。孩子们争先恐后地向我提出了许多问题，每个人还给我写了一封充满童真童趣的信。杨老师坚持阅读写作，厚厚几大本的作品见证着她的勤奋。孩子们的父母被她的精神感染，教室里的图书和书柜都是父母主动捐的。

亲爱的老师，秋叶老师和李建忠校长，都是一个人影响一个区域的故事。在新教育里，像这样的故事还有许多。所以，最根本的是自己对新教育的信任和信念，是自己对新教育的理解和实践。你强大了，整个世界都会向你低头。

亲爱的老师，当我们无法改变世界的时候，我们不妨改变自己。而我们自己斟酌改变了的时候，你会悄然发现，世界也会因为你而改变。所以，建议你能够读一些新教育的入门书籍，如《中国新教育》《我的教育理想》《孩子的早期阅读课》《理想课堂的三重境界》等，到教育在线网站阅读历年的新教育年会的主报告，如《过一种幸福完整的教育生活》《文化，为学校立魂》《缔造完美教室》《研发卓越课程》等，研究一些榜样教师的专题帖，在自己的教室里先做起来。如果有可能，你还可以加入新教育项目网络培训群，分享新教育榜样教师的一线操作经验；可以参加新教育网络师范学院，选修一些对你有用的课程，与全国的教师们一起读书成长；可以发动学生父母一起加入新教育的萤火虫工作站，带动学生父母一起学习进步，从家庭教育助推学生成长。

新教育人有句名言：行动就有收获，坚持才有奇迹。只要你真正地把根扎进教室，把新教育的课程和项目在教室里扎扎实实地开展起来，你自己和你的学生一定会更加精彩，你们的故事也一定会感动校长，感动周围的老师。当然，最重要的，是你和你的孩子，通过新教育得到真正的成长。因为，归根结底，幸福是源自你内心的感受。祝你幸福！

你的朋友：朱永新

做一个“人缘儿”

——如何交往才能受人欢迎？

朱老师：

您在讲教师的幸福感来源的时候曾经说过，教师的人际关系也是幸福感的重要来源。人毕竟是一个社会性的存在，他能不能得到别人的关注、承认、尊重、欢迎，对他的幸福指数有着直接的影响。作为刚刚参加工作不久的年轻教师，怎样成为受人欢迎的“人缘儿”呢？

老师：

你能够意识到自己要成为受人欢迎的人，这是非常值得表扬的。因为，许多刚刚初为人师的教师，往往只顾往前冲，而忽视了前后左右的关系，忽视了教师职业其实需要团队作战的特点。

在《我的教育理想》一书中，我曾经讲过，理想的教师，应该是一个善于合作、尊重同事、尊重领导、善于调动帮助他成长的各方面因素的教师。

为什么教师要成为受人欢迎的人缘儿？这不是投机取巧，不是故意奉承。因为这是教师职业自身的需要。竞争基础上的合作，合作基础上的竞争，是现代社会的显著特征。一个不善于合作的教师，走不了太远，因为这个社会是需要合作的社会。社会如此，教师职业也是这样。

我们的教育对象，我们的学生，处在非常复杂的社会环境中，时时刻刻接受多方面、多层次的影响。教师影响施加得如何，取决于力的平衡。教师的影响在多大程度上能够成功，取决于教师在多大的层面上协调各方面的力量，共同对学生施加影响。一个会做工作的教师，会调动千军万马来实现自己的教育抱负。有不少教师个人素质很好，但是缺乏合作精神，与别的教师斤斤计较，这样的教师不会有多大出息。

合作是多方面的，有教师和教师的合作、教师和学生的合作、教师和父母的合作、教师跟校长的合作、教师和社会的合作。

对于合作与竞争，要确立“双赢”的观念。过去我们往往以为，在竞争中只有一个赢家，因此，合作有一定的困难，更多的是竞争。但事实上，只有双赢才是真正意义上的竞争。

真正高明的教师，应该是一个非常尊重他的同事、非常尊重他的领导、非常善于调动各方面因素的教师。

怎样成为一个受欢迎的教师？我认为有三个基本要素：一是换位，二是尊重，三是互惠。

第一是换位思考。“己所不欲，勿施于人。”换位，讲起来最容易，做起来最难。换位是一个心理学命题向哲学命题的挑战。哲学家告诉我们“这个存在”只能有“这个意识”。心理学家则说不能这样，“这个存在”要能有“那个意识”。这就很难，稍不注意，就会导致本位主义和自我中心，变成一切从自我出发。我们知道，生活中过多的本位、过多的自我中心必然会导致冲突，这些冲突可以通过换位得到很好的解决。所以说在工作中、在生活中，我们的教师要多站在对方的角度去思考问题，这样就不至于站在自修室的门前去抢时间，就会理解别人，同情别人。这样的教师就会被视为一个善解人意的教师。所谓“善解人意”，就是善于换位。换位并不意味着他不知道自己的存在，而是同时也知道别人需要什么，并会在别人需要的时候，及时伸出友谊之手，而不是视别人的痛痒而不顾。

第二是尊重。尊重是人的一个非常重要的心理需要，它还是一个很高层次的需要，是在人的生存、生理等需要满足之后产生的。苏霍姆林斯基说，自尊心是人的心灵里最敏感的角落。一旦挫伤一个人的自尊心，他会以十倍的疯狂、百倍的力量来和你抗衡。士可杀，不可辱。不卑不亢，宠辱不惊，不仅是对他人的尊重，也是自己做人的境界。在实际生活中，我们往往对高贵的人容易卑躬屈膝，对低微的人容易趾高气扬。其实，对高贵的人挺起胸膛，会赢得他的尊重；对低微的人亲切关怀，会赢得他的敬爱。要彬彬有礼又进退得体。教师一定要尊重他人尤其是学生的人格。

第三是互惠。我们的教师在与人交往当中应该学会给予，在共同的活动中，大家能分享活动的成果，在活动中得到相应的回报。西方有一种社会交往理论认为，人和人之间的交往、关系的平衡，很重要的一点取决于心理评价。每个人在这个过程中都要付出，这就是所谓的成本。同时，每个人在交往过程中都能得到一些东西，这是属于利润。如果这种交往浪费很多时间、精力，不值得，他就会中止这种交往。但是有些人在看待教育过程中是吃亏了还是占便宜的问题时，往往看不到自己的所得，这就导致了各种各样的交往失衡。

一个优秀的交往者，一个理想的教师，应能够讲一点儿奉献精神。我们提倡这样一种精神和境界，不仅因为这样一种精神和境界会使人际关系融洽，而且从长远来看，最终你仍然能得到回报。所有的付出都会有回报，所有的付出都会有收获，交往的过程实际是利益平衡的过程。斤斤计较于眼前的得失，表面看暂时得到一些，但实际上失去长远利益，其实是得不偿失。有人说，世界上没有永远的朋友，也没有永远的敌人，只有永远的利益。我不太同意这个判断。但是，朋友变敌人，敌人变朋友，也是经常发生的事情。人各有志，永远理解和尊重对方，即使朋友选择了另一条道路，也没有必要把他变成敌人。

我觉得，如果一个教师真正做到以上三点，他一定会赢得教师群体的尊重，赢得校长的尊重，赢得学生的尊重，赢得学生父母的尊重。而这样的好人缘儿，必然会成为工作甚至生活的润滑剂，让人生更加从容而幸福。

你的朋友：朱永新

生活情趣让教育更有趣味
——如何让生活丰富多彩？

朱老师：

这些年，媒体报道的那些优秀教师几乎都是全身心扑在教育上的人，他们把所有的时间、精力都用在孩子身上，几乎没有自己的业余生活、兴趣爱好，甚至和自己的家人在一起的时间也没有。难道我们的教师就要这样度过自己的一生吗？

老师：

你说的问题客观存在，但这与媒体对优秀教师的关注点有关。媒体关注主要集中在他们的忘我工作和精神境界上，相反对他们的业余生活关心不多，介绍不够。这并不意味着他们没有自己的生活情趣和私人空间。

人的成就往往取决于他对于某件事情的痴迷程度，兴趣其实就是每个人来到这个世界的理由，是人成为他自己的重要条件。许多人终其一生没有找到属于自己的兴趣，没有为一些事情而痴迷狂热，因此难以取得不凡的成就。所以应该学会跟着兴趣走。作为老师，能够取得最好成绩的最理想的状态，当然是为了教育而痴迷甚至痴狂。但是，一方面，作为一个完整的人，工作只是我们生活的一部分，而不是我们生命的全部，在工作之余每个人都需要另外一个空间来安顿自己的心与身；另一方面，作为一名教师，我们生活的全部内容其实都与教书相关，教书之外的生活状态与生命质量对我们的教书有着至关重要的影响，是学校生活的有力支持和重要保障。我们经常说，一个教师其实是用一生的时间在备课，也正是从这个意义上而言。

记得有一次我参加了一个教育论坛，论坛的主题是“教育的未来——孩子期待的教育”，论坛主办方介绍了他们对孩子调研的成果，其中孩子们最喜欢的教师就是幽默风趣的老师，有生活情趣的老师，不仅在专业上有水平，而且有自己的拿手绝活。许多人对自己老师最深刻的记忆，往往是课堂知识传授以外的东西。

2008年，我曾经主编过一套“教育在线丛书”，其中有一本书名是《教师的第九个小时》。编选一本这样的书，其实就是发出一个信息：无论是把教师作为一种职业、事业还是志业，我们都应该拥有属于自己的教书之余的生活。

我认识一位成都的老师，他是一位非常优秀的语文老师。但是，他酷爱音乐。在他的电脑里存有两种音乐，一种是古典音乐，莫扎特、贝多芬、德沃夏克等，一类是摇滚，黑豹、唐朝、超载、张楚、窦唯等。他说，音乐是他的灵魂，让他相信世界还有美，还有真，让他感觉自己应该与平庸保持一定的距离，去追求一种更纯粹、更高尚的生活。除了语文课，他给学生开设了音乐欣赏课，带着孩子们走近《梁祝》、走近《春江花月夜》，走近《动物狂欢节》，走近摇滚。课余节假日，他背上吉他，与三五知己小聚尽兴，生活得有滋有味。

我还认识一位老师，他是一位数学教师，却对生物痴迷，收集了数以万计的蝴蝶标本。最后，他干脆跳槽到一所民办教育集团，做起了好几个蝴蝶馆的馆长。他对于蝴蝶的研究，让许多生物老师也望尘莫及。

我还有一位校长朋友，他是一位优秀的化学教师，但是对书法和灯谜造诣深厚。他喜欢灯谜，看到什么词语都会不自觉地去用“灯谜思维”加工一下。每一次聚会，他总会带上几个灯谜，让大家苦思冥想。据内行的人说，他的灯谜制作水平，已经达到专家的境界了。据说有一回中秋在医院住着，备感孤独之际，他用医学名词做谜底，在病房内开展有奖猜谜活动，引得病友、医生、护士热情高涨，最后一护士独中一谜，奖品上写“西服一套”，他取过自己的西服，让护士穿上又脱下来，谓之一“套”！这个把戏现在他还经常使用，尤其在教学中，他的学生就没有少“套”过他的西装！现在，在他的学校，灯谜已经成为选修课程，他还主持着全国灯谜爱好者的许多活动。书法与篆刻也是他的拿手好戏。一方石头，在他的摆弄下，会成为精美的工艺品。一张宣纸，他三下五除二，就写出了苍劲的书法，楷行草篆，无不在行。他的书法篆刻不仅是学校的重要礼品，而且还拥有国家发明专利呢！他管理着十几所学校，还到处演讲，忙碌程度可想而知。但是他游刃有余。应该说，他的这些业余爱好，对于缓解他的精神压力，调节生活节奏，起到了重要作用。

我一直说，教师是一个非常有意义也有意思的职业，教师的双休日寒暑假为教师的业余时间和闲暇生活创造了最大的发展空间。教师的生活情趣，不仅丰富了他自己的人生，也丰富了他的教育。

你的朋友：朱永新

管理好时间就是延长生命

——如何合理安排时间？

朱老师：

越来越觉得，沉静下来专心于自己的教室，专心于自己的课程，专心于自己的学问是何等重要。教师需要不断努力学习，努力积累自己的经验。请问该如何合理安排时间，使教师能释放自己的空间，从而得到更大的发展？

老师：

人生苦短，即使能够活到 100 岁，也只有 36500 天的光阴。其中还有很长的时间是我们自己无法自主安排的。所以，我们应该珍惜每个日子，把每一天当作生命的最后一天，让每个日子值得铭记。尤其对于教师来说，一方面看上去假期比其他职业多得多，一方面繁杂琐碎的事务又特别多，如何安排时间，更是一个非常重要的话题。

时间对于每个人都是公平的。时间安排得好，实际上就是在延长自己的生命。在有限的单位时间里能够尽可能地提高效率，对教师来说是格外重要的。因为教师非常忙碌，早上很早就要到学校，晚上又很晚才能回家，有时工作又比较疲累，周末、节假日有时陪陪家人，有时做做家务，有时还要有正常的人际交往等，会感到时间非常紧张。

当然，时间就像海绵里的水，挤挤总是有的，对教师来说也是同理。关键是怎样科学地规划、安排和管理自己的时间。

第一，把最重要的事情放在最重要的时间去做，这是合理安排时间一个最重要的原理。

对于教师来说究竟什么最重要？当然是和学生们一起成长。所以就像你自己所说的，沉下心来，专心于自己的教室，专心于自己的课程，专心于自己的学问，应该放在第一位。只有专心、宁静才能有效地提高时间的使用效率。所以最重要的事情应该首先安排在这个方面，要围绕课程、教室、学生去阅读，去思考，去行动。教师的行动，由工作岗位上规定了时间，而阅读是没有规定的，所以对于教师来说阅读是最重要的。对教师而言，阅读是典型的“磨刀不误砍柴工”，每个教师每天都应该给自己挤出阅读的时间。至于这个阅读的时间到底怎样安排，每个人可以根据自己的生物钟，或者根据自己生活的节奏进行相应的固定的安排。有的人是早起型，比如我是属于早起型的，每天早上基本在5:30前后起床，就可以规定自己在早晨阅读起码半小时，或者更多的时间；有的人可能适合在晚上阅读，那么晚上回到家也要安排一个固定的时间段阅读，确保养成读书的习惯。与此同时，习惯一旦养成了，时间自然就有了。总之，最重要的事情要在固定的时间里面给它排上，尽可能地雷打不动，这样确保最重要的事情总是有时间去做。

第二，就是排除浪费时间的要素，让自己更专注。

有时候，表面上看我们是需要有驾驭时间的本领，其实是需要有控制心灵的艺术。在喧闹纷扰、充满诱惑的时代，能够静下心来读书思考；在事务缠身、焦头烂额的时候，能够忙而不乱。越是喧哗，越需要心的安宁，越是繁忙，越需要心的闲适。

所以，为了有效地使用时间，就要尽可能去掉一些、减少一些损耗时间的要素。比如有些人看电视，一看就是两个小时、一看就是一个晚上，时间就没有了。有些人上网浏览没有节制，一看就是两三个小时，时间也像流水一样流去。所以对那些自己喜欢的、有诱惑力的活动，要尽可能给自己一定限制。比如说我对自己上网一般规定在一个小时左右，控制自己在网上工作的时间。有些人习惯网一直挂着，过几分钟瞧一瞧，过几分钟再瞧一瞧，这样隐性浪费的时间非常多。如果难以自控，就需要在适当的时候把网关掉。专注，相当于为自己建一个可以安顿心灵的家。专心才能提高单位时间的效率，要减少各种干扰自己的情形。

第三，教师特别需要合理利用自己整块的大时间。

作为教师来说，最大的优势就是除了双休日以外，还有寒暑假。如何科学安排这两个假期，是一个很重要的问题。我认为这就是需要给自己制订一个比较好的工作计划，甚至是做一个比较好的人生规划。比如说利用这整块的时间，可以集中力量读一些自己一直想读但是没有时间读的书，也可利用这个时间集中地整理自己的教学心得和经历，记录自己的生命叙事，甚至是个人著作，还可以利用这个时间发展一些健康的兴趣爱好，让自己能够劳逸结合。在对整块时间进行安排的时候，要注意时间的节奏，把不同的工作进行相互穿插，可以更有效地利用时间。因为有时连续做一件事情会产生疲劳。比如读书读累了，可以上网去浏览一些信息，去和朋友做一些交流，通过不同工作内容来调节自己。

最后还有一个有效利用自己时间的办法，就是学会记录自己的时间，分析自己时间利用的特点和优劣。曾经有个著名的苏联科学家就这样通过每天记录自己时间的分配，高效地管理了自己的时间。因此，写日记是一个很好的习惯。这样可以坚持记录自己每天做了什么事，甚至每天在每件事上所花的时间，最后做个科学的分析，总结出自己哪些时间花得多，哪些时间花得少，分析出自己哪些做得对，哪些做得不对，让自己的时间使用更合理更科学，也就能够让我们的时间变得“多”起来。

当然，我们也需要注意：有时间有闲暇恰恰是创造的前提，从容不迫地做自己想做的事情，才能真正取得成功。只是真正的成功者又总觉时间不够用，他必须比其他人更善于挤时间，更有效地利用时间。在同样的时间维度中，挤时间的人有更多的机会。

时光如水，一去不返。在同样长度的时间里用心去做每一件事，不仅拓展了你自己生存的空间，而且也延长了相对的时间。所以，抓得住的时间就是黄金，抓不住的时间就是流水。善待生命中的每个人每件事每分钟，就是延长了生命。通过积极管理，我们对时间的使用会更加合理，更加高效，就能让我们的生命更加充实，也更加灵动。让我们一起为之努力吧。

你的朋友：朱永新

健康是教师的第一财富
——如何走出亚健康状态？

朱老师：

我看到一个资料说，目前中国人的平均寿命是72岁，但教师的平均寿命却只有59.3岁。某市教育局对全体教师进行体检，结果发现35岁以上的教师仅有8%的教师身体各项指标正常！颈椎病、肠胃病、头痛病、眼病、妇科病、心血三高、心理疾病成为教师的多发职业病。教师的亚健康超出常人的3倍多！作为教师，对此有点心有余悸呢。您怎么看待这个问题呢？

老师：

我也在网上看到过这个数据，但是一直没有从权威部门得到证实，而且与我日常生活观察的情况也不太吻合。不过，你提出了一个非常重要的问题——教师的身心健康应该引起我们，特别是教师自己的高度关注。毕竟，人的生命只有一次。

世界卫生组织曾经对影响健康的因素进行过总结。他们认为，健康=60%生活方式+15%遗传因素+10%社会因素+8%医疗因素+7%气候因素。可见，健康的生活方式是保持健康的最关键的因素。

作为教师，怎样的生活方式才是健康的呢？许多专家认为，“管住嘴，迈开腿”是最基本也是最廉价的健康生活方式。

“管住嘴”，就是要合理安排膳食。健康的饮食结构和良好的饮食习惯是合理安排膳食的两大方面。健康的饮食是指膳食中应该富有人体必需的营养，同时还要避免或减少摄入不利于健康的成分。良好的饮食习惯包括按时进餐、坚持吃早餐、睡前不饱食、咀嚼充分、吃饭不分心、保持良好的进食心情和气氛等。

专家们建议，主食的品种应该多样，要尽可能多吃粗粮、杂粮，因为粗、杂粮比精细的粮食更有营养。要多吃蔬菜水果，因为蔬菜水果中含有丰富的维生素、矿物质和纤维素，对健康非常重要。要保证蛋白质的供给，多吃豆制品，适当的肉类、家禽、水产及蛋类也是需要的。此外，少油、少盐、少糖，对于保持健康也非常重要。

“迈开腿”，就是要坚持适当运动。生命在于运动，同时也要注意，过少和过量运动都不利于健康。每个人都可以根据自己的年龄、身体状况、兴趣爱好、生活条件选择不同的运动种类。做什么运动因人而异，关键是量力而行、循序渐进和持之以恒。最简单有效的运动是快步走，每天坚持快步走路 3~5 公里，或做其他运动 30 分钟以上，对身体是很有好处的。

现代医学已经从过去的“生物—医学”模式转向“生物—心理—社会”模式。一个人的心理状态会在很大程度上影响身体的健康。据调查，在医院就医的患者中，由于心理健康有问题而引起或加重生理疾病的人，占患者的 50% 以上。所以，保持乐观的情绪、开朗的性格、友好的交往、平和的心态，也是特别需要加以注意的。教师处理的事务很繁杂，所以要特别注意，让床成为美梦的故乡，不要变成烦恼的温床。能不能倒在床上就睡着，往往是一个人身心是否健康的标志。不把烦恼带到床上，就是要求我们能够随时把烦恼丢掉。我们必须知道，其实许多事情担忧是没有意义的，该来的你无法躲避，不该来的你着急也来不了。所谓尽人事听天命是也。

对于教师来说，还有一个问题需要注意，那就是教师特有的职业病。教师是一个集脑力劳动与体力劳动于一体的职业，慢性咽喉炎、静脉曲张、颈椎腰椎疾病等是经常容易发生的教师职业病。教师说话多、喝水少、粉笔微尘的吸入是导致教师多发咽喉炎的主要原因。专家建议：教师应注意科学用嗓，修正讲话的方式，胸式呼吸改为腹式呼吸。讲课中，注意音量，切勿太大声或急切地说话；课间休息时让声带也休息一下；常用温开水、薄荷口含片润喉；少食辣椒等刺激性较强的食物以及巧克力等糖分过高的食物，多摄取一些清肺养阴、化痰散结的食物。

由于长时间地站立授课，教师的下肢静脉内的血柱会形成静脉内的压力，使静脉血不易向心脏回流，而向足部倒流，导致下肢静脉曲张。所以，专家建议：教师在讲课时可以将身体重心交替由一只脚移到另一只脚上，始终保持一只脚处在休息状态，并可慢步走动；同时充分利用课间休息时间活动活动双腿，促进血液循环。慢跑、关节屈伸活动、腿部按摩，都可以预防静脉曲张。

备课、阅读、写作等长期伏案工作，容易造成颈部肌肉的紧张，时间一长就会形成颈部肌肉和韧带的慢性损伤，严重者会演变成颈椎病。同时，坐着工作时腰椎压力是站立时的好几倍，也很容易导致腰椎间盘突出。专家建议：尽可能保持自然的端坐位，注意调整工作中的姿势与时间长度，多做些扩展胸部、扭动腰肢、活动四肢等运动。

健康是 1，其他都是 0。只有健康，后面的 0 才有意义。记住，健康是我们的第一财富。

你的朋友：朱永新

学生是最伟大的观察家

——如何处理榜样与自由的关系？

朱老师：

我们当师范生的时候就学过，学高为师，身正为范。做老师要成为学生的榜样，要求学生不做的事情，自己千万也不要做；要求学生做到的事情，自己也一定要先做到。这样当老师，是不是少了一点自由呢？

老师：

理解你的心情。

关于自由，卢梭有一句名言："人是生而自由的，但无往不在枷锁之中。"其实，人本来就是一个自由与不自由的统一体。每个人都希望拥有真正的自由，无拘无束，不受限制。也许，只有思想可以在自由的世界翱翔。而现实世界里的自由永远是相对的，有条件的。枷锁，就是我们自由的边界。无论是外在的法律，还是社会的舆论，道德的规范，自己的视野，都是我们的枷锁。人不可能有什么绝对的自由。我们生活在这个世界上，就要服从这个世界的游戏规则，正如你在道路上行走、开车，都要遵守交通规则一样，遵守规则，是为了给更多的人以自由。

任何职业，都有这个职业的底线和操守。作为教师，当然应该遵纪守法，但这还是不够的。遵纪守法是所有人的行为底线，这是作为一个公民的行为底线。作为教师，就要遵守这个职业的底线，这个底线就是：你要成为学生的模范。

在日常生活中，学生具有很强的向师性和模仿性。而且，年龄越小的学生，往往越是把教师作为自己的人生榜样来崇拜。小学生对父母和其他人说得最多的口头禅就是"老师说的"。在他们眼里，老师就是权威，老师的话就是圣旨。他们是不能够容忍老师犯错误的，他们几乎不能理解老师不是神是人，老师也会犯错误这样的事实。

在生活中，教师和其他职业一样，也有自己的八小时之外。但是，学生不会认为你八小时之外就不是自己的老师，所以八小时以外的学生也照样在以要求老师的标准要求你。记得上世纪 80 年代我在为苏州大学师范生讲教育学课程的时候，有个学生就给我讲述了一个真实的故事。一次周末，这个学生帮家里去买东西，排队的人非常多。没想到碰上他平时非常敬重的老师也来买东西，而老师竟然跑过来说，他时间太紧张，希望学生让他插队进来买东西。从此以后，这位老师以前高大的形象荡然无存。

"其身正，不令而行，其身不正，虽令不从。"教师的以身作则，对于学生来说的确影响巨大。学生就是天生的观察家和模仿大师，学生会模仿老师的字体（我在中学读书时就经常模仿一位老师的板书），会模仿老师的说话，会热衷于老师上课时讨论的各种问题。在学校中，许多学生就是因为喜欢某个老师而"爱屋及乌"喜欢他的课程的。

一个好老师对学生的影响是巨大的，甚至是终身的。作为一名老师，如何修炼自己，如何做一个令学生敬慕、佩服、效仿的老师，的确是值得认真思考与努力实践的。

首先，应该做一个知识渊博的人。学生，尤其是小学生，往往会把老师当成百科全书式的人物，认为你无所不知无所不晓，如果你一问三不知，如果你知识面太狭窄，很难让学生满意。而且，在信息社会，学生获取知识的途径方法之多，在许多方面超越老师完全是可能的。所以，一方面谦虚。伽利略说："与其夸大胡说，不如宣布那个聪明的、智巧的、谦逊的警句'我不知道'。"要明白在知识的汪洋大海面前，我们每个人都是沧海一粟。学然后知不足。无知，其实是把不知道的东西视为已知。另一方面，既要掌握扬长避短这一做事的捷径，又要具有"扬长不避短"的成长精神，遇到困难，明知不可为而为之，是加速成长的好办法。在尽可能博览群书的同时，应该努力成为某个领域的小小专家，成为自己所教学科的虔诚的传教士。因为一个人永远只是发挥自己长处，只"避短"而不"补短"，一个水桶的短板就限制了水桶整体的蓄水量。这就需要我们不断学习，加强阅读。这就是所谓的学高为师。

其次，应该做一个表里如一的人。老师的道德境界不一定达到道德楷模的标准，但是一定要有基本底线。"己所不欲，勿施于人"，"己欲立而立人，己欲达而达人"等，应该是老师们要努力做到的。最不应该的就是口是心非，表里不一，说一套做一套。一颗诚实而坦率的心，就是一颗开放平等的心，就是一道桥梁，通往学生的世界。这就是所谓的身正为范。

人生是一场无法彩排的演出，教育是一场现场直播的实况，老师和学生，每个人都在扮演着不同的角色。老师就像导演，学生就像演员。教室里有多少个孩子，就有多少双眼睛在注视着导演，这些伟大的观察家，在拿着最精密的显微镜，观察着导演的一举一动。这的确是一种压力，但另一方面这也是最大的动力，如纪伯伦所说："真正自由之人，是能耐心地背负起束缚奴隶的桎梏之人。"教育的舞台很大，演出的时间很长，一幕没有演好还有机会。只要不断努力，就会一幕比一幕更精彩，到谢幕的那天，即使没有雷鸣般的掌声，也会心安无悔。只要你能够真诚、平等地和学生一起成长，就能够在不断提高和完善中，赢得自我的真正自由。

你的朋友：朱永新

命名就是埋下心愿的种子

——如何为你的教室命名？

朱老师：

去年，我成为一名新教师。在我们学校，教室一般是用数字来命名的，如一（3）班、二（4）班等，但是我前不久得知，新教育实验学校的“缔造完美教室”，往往是从给班级命名一个美丽的名字开始的。我想知道，这样做的目的是什么呢？真的有必要吗？

老师：

其实，名字本身就是一个符号而已。美国的优秀教师雷夫的教室也叫“第 56 号教室”。关键在于一个符号怎样在生活中日积月累，师生生命倾注其中后，活出怎样独特的意义。在这一点上，我们 2012 年的新教育年度主报告《缔造完美教室》中，做出了详尽的诠释——

用数字作为教室和班级的代号，无疑是最简单的，但也是最枯燥、机械和重复的。

但是，如果教室有一个美丽的名字，这个教室就有了一个美丽的开始，因为，一个班级呈现在人们面前的第一形象就是教室名，而最终呈现的则是教室文化的整体构建。一间教室的名字，应该是教室文化的具体承载与体现，是班级成员的自我镜像。

在我们新教育的教室里，往往通过具象化的命名，把格式化的数字符号，转化为一种精神意象，赋予教室一种精神力量。教室命名，就像每个人出生时被命名一样，是生命中一件特别重大的事件。也因此，许多班主任老师总想别出心裁，起一个与众不同、独一无二的教室名字。是的，每一间教室应该是独特的，但这里的独特不是非要起一个多么新颖别致的班名，创造一个多么漂亮夺目的班徽或是象征物，让自己的教室与众不同，另类张扬。我们所说的独特，只是相对于这间教室及其特定的老师和孩子而言，它是非同寻常的，是意味深刻的。

江苏海门海南中学有一间教室的名字就非常特别——不一班（般）。班主任江斌杰介绍说，孩子们刚上中学，走进学校就说："校园不一般呢！"他介绍任课老师时，有学生说："这些老师不一般呢！"一天课下来，有学生感叹："真的是不一般呢！"所以，他就想：干脆用"不一班（般）"来命名自己的教室，激励学生做最好的自己，创最好的班级。这样就能够拥有不一般的孩子，不一般的教室。

如果当个性（追求与众不同）与贴切性（就像我们希望的样子）有了冲突的时候，我们建议宁选贴切，不选个性，哪怕与其他教室有所重复也行——毕竟对这些孩子而言，它仍然是独一无二的！而且，因为经历的不同，同样的名字背后完全可以有不同的意象、不同的故事，因为最终它的意义是由师生的共同生活所赋予的，而不是有一个名字就自足了的。

在许多新教育学校里，教室命名用了"小毛虫""蒲公英"之类的小动物或者花草的名字，看起来平淡无奇，甚至简单重复。但只要能够从这些平淡的名字、平常的事物中，充分挖掘其不平凡的内涵，通过阅读、课程、活动不断擦亮这些平淡的名字，它就能够在学生们的心中真正地活起来，成为大家共同生活的愿景。正如海子所说，"给每一条河每一座山取一个温暖的名字"。名字叫什么也许并不重要，重要的是能够传递灵魂碰撞而生的温度。

完美教室的命名，并不一定要求教师在学生没有到来之前，就已经完全确定。取一个名字等候孩子出生，这在生孩子时是贴切的，但对于已有自己的情趣、性格、历史的学生及其父母而言，教师的这种做法容易让教育的另一方感觉过于被动。而且一个一开始就定下的名字，对被动接受的孩子而言不过是个词语，是个空洞的符号。所以，教室命名，可能已经在老师的心里酝酿了很长时间，甚至已经有了非常完备的构想，但是正式命名的时机却仍然需要寻找甚至等候。最好是师生共同生活一段时间之后，教师创造时机，譬如在相关的电影观看或诗歌学习之后，巧妙地提出来，成为一种共同的命名。

命名只是教室文化建构中的一个事项，和它相关的事务包括班徽、班旗、班歌、班诗、班训、班级承诺（誓约）等，它们是一个有机的整体。

班徽，是班级的图腾，班级的象征物，一般是围绕班名展开，由全班同学集思广益，共同绘制而成。班徽确定可以采取全班征集评选、在优胜方案的基础上修改完善。

班旗，是班级的旗帜，在运动会、学校庆典等大型活动时使用，可以活跃气氛，增强凝聚力。一般是把班徽放大以后印制在白色或其他颜色的布上。班旗可以制作成不同规格，有学生人手一份的小旗帜，也有列队展示时使用的大旗帜。

班歌，是与班级愿景、名称的精神气质吻合的歌曲，可以是自己创作、请人创作，也可以是选用现成的歌曲，或者根据现成的歌曲稍加改编的歌曲。如李镇西的未来班，是学生们写信请谷建芬老师作曲的；而山西绛县的“山水人家”教室，则选用了《我爱你中国》。班歌歌词和旋律不应成人化，应该符合儿童的志趣。

班诗，与班歌相同，也是与班级愿景、名称等和谐协调的诗歌，可以由班级师生共同创作，也可以选用现成的诗歌。如山西绛县的小蜗牛教室的班诗就是《小蜗牛》，激励孩子们不怕慢，只怕站，只要心怀梦想，执着前行，总会遇到属于自己的风景。

班训，与学校的校训类似，是用简洁明了、寓意深刻的语言，阐明班级的价值追求。班训的文字可以成为班徽的有机组成部分，也可以印制在班旗上。

班级承诺，是教师与学生彼此之间对未来的一个美好的约定，它往往是以誓词的形式出现。如马玲老师在给自己教室的孩子父母的第一封信中就提出，“我是教师我承诺：让每一个与我相遇的孩子，因我而优秀”，“我是学生我相信：我将在这里品尝到知识的快乐、生命的尊严”。班级承诺可在重要的场合和时刻由教师和学生宣誓，具有强烈的仪式感和震撼力。

上面这些内容作为一个有机整体，没有必要在教室成立的第一时刻就预先准备好。最好的方式是在师生共同生活的岁月中逐渐建构起来，这是一个以教师为引导者、师生共同体为主体的自我书写过程。

教室文化，也会体现在教室的布置上。没有经过精心安排的教室，是缺少文化意蕴的。从总体上来说，我们希望教室的布置要有切合孩子生命的美学风格，比如在班级里摆放一些绿色植物，或者小金鱼等动物，让孩子们能够随时看见生命的成长，与大自然保持联系，感受自己以外的生命呼吸。教室里的色彩也可以丰富多彩，如低年级可以考虑偏近粉红色系，用绘本童话场景和角色来装饰，让孩子直接地感受到亲切、温馨和安全；高年级可以偏近青蓝色系，或者回归黑白，装饰以成熟的字画作品，有一种清澈高远的意境；而中段则可以考虑选择介于二者之间的绿色系列，配以东方风格的清新插画等。

当然，装饰教室的最重要的物品，应该是师生的作品：大家共同生活过中拍的照片和记录文字，大家从稚嫩到成熟的艺术作品——甚至许多新教育教室提倡宁可有不完美，也要让每一个孩子的作品上墙，因为这是“我们”的阵地。所以教室布置，应该把教室墙面当成我们自己的杂志社、电视台、档案馆。同时，教室还可以成为我们自己的园艺房、展示厅，大家种植的花草盆景，烧制的泥巴陶艺等，也可以利用这个空间陈列交流。总之，教室里的每一个空间都应该由师生共同创造，或者是成为一段共同穿越的生命旅程的见证。对于孩子们来说，让他们在其中发现自己、认同自己非常重要。

作为一名班主任，教室是你职业生命汲取养分的土地，也是你施展才华的王国。让你的教室成为独一无二的存在，也就是让你的生命绽放出独特的光彩。所以，不妨从为你的班级取一个美丽的名字开始吧，活出这个名字的韵味，让你的教育生活变得更加动人。

你的朋友：朱永新

每天都是最美时光
——如何做晨诵、午读、暮省？

朱老师：

每天早晨在网上读您的“新父母晨诵”，已经成为我的必修课。我听说，你们新教育学校“晨诵、午读、暮省”，很有诗意，不知具体内容是什么？这些和中国古代的诵读、“三省吾身”有什么不同？如何进行呢？

老师：

非常乐意与你分享我们新教育学校的一些探索。

其实，所谓“晨”“午”“暮”，是我们根据课程特点所做的形象化的说法，并不一定要局限在这些特定的时间。

晨诵并不是新教育实验的首创。在中国古代，诵读就是中国传统教育中十分重要的教育形式。在德国，华德福的教室每天第一件事情也是师生共同进行的晨诵。当然，新教育的晨诵有自己鲜明的特色与个性。

新教育晨诵秉持文化的传承与发扬，倡导每日清晨用诗歌开启黎明，用声音唤醒文字，丰富当下的生命体验，养成一种晨起阅读的生活方式，习诵、领略优美的母语，感受诗歌所传达的情境、思想及音乐感。

每天清晨，需要吟诵些什么？几千年流传下来的早晨机械地读经或者背诵课文的晨读，曾经引发了绝大多数人的反对，最近似乎又有卷土重来的趋势。许多人认为，早晨是记忆的黄金时间，大量诵读经典，虽然现在孩子们不理解，但未来的“反刍”会使孩子终身受益。但新教育实验认为，晨诵的目的主要不在于记忆未来可能用到的知识，不是为了进行记忆力的强化训练，而在于丰富儿童当下的生命。新教育晨诵，我们形象地称之为“与黎明共舞”，是一个结合了古典诗词、儿歌与儿童诗、现代诗歌的复合课程。它有三个最重要的特点——词句优美，吟诵时可以感受和理解，传递人类美好的愿望和情愫。

晨诵吸取了传统的读经强调内容的经典性以及大声朗诵的经验，但是与读经运动强调在孩子记忆的黄金时段记忆大量的经典，等长大以后会慢慢地理解的方式不同，我们特别强调所选诗歌是以儿童当下的经验所能够感受到的。我们希望孩子们在每天的黎明时分与经典诗歌共舞，让生命在每天的开始就得以舒展，师生共同以一种愉悦、饱满的状态开启一天的学习，从而在长期坚持的过程中，师生的生命不断丰盈。

新教育晨诵不仅内容丰富，而且呈现方式上也很多样，因此音乐老师、美术老师、数学老师、英语老师等各个学科的老师，都可以成为晨诵课程的研发和实施者。

午读，即阅读，是新教育实验的根基。新教育从最初的“六大行动”到后来的“十大行动”，“营造书香校园”始终排名第一。通过推进阅读、共读，与人类的崇高精神对话，汲取先贤的智慧，让精神丰富起来，让行动有力起来，是新教育人对自我成长的要求。

午读，代表的是非学科性质的阅读。其中核心内容是阅读属于最适合学生当下的最好书籍。

在新教育实验的早期，我们曾经编选了“新世纪教育文库”，为孩子们推荐了小学生 100 种必读书目、中学生 100 种必读书目。

2006 年起，新教育实验又专门开发了“毛虫与蝴蝶——新教育儿童阶梯阅读研究”项目，从大量的童书中寻找出每一年龄段儿童能够阅读的书籍。

为了提供高品质的阅读材料和推进师生共读、亲子共读，我们专门成立了新阅读研究所和新父母研究所，研制了中国幼儿、小学生、初中生、高中生基础阅读书目各 100 种，为午读提供丰富的资源。我们还成立了数十个“萤火虫工作站”，推广亲子共读活动。

新教育认为：生活在不同的语言环境里，就是生活在不同的世界上，共读一本书，就是创造并拥有共同的语言和密码。共读，就是和读同一本书的人真正生活在一起。如果没有共读共写共同生活，教师与学生、父母与孩子、学生与学生，就是同一个屋檐下的陌生人。所以，我们倡导亲子、班级共读，通过共读一本书，共写心灵真诚的话语，实现师生之间、亲子之间、同学之间乃至老师和家长之间真正的共同生活。实验开展以来，通过共读，发生了大量感人的故事，改善了无数亲子、师生、家校关系，让大家真正地感受到了一种幸福完整的教育生活。从某种意义上，新教育实验是将共读传统的恢复视作改良教育的突破口。

教育是唤醒，每一个生命都是一粒神奇的种子，蕴藏着不为人知的神秘，而阅读能够唤醒这种蕴藏着的美好和神奇。教育又是给予，无论是民族文化的特质还是世界文明的价值，都需要教师和家长按符合生命成长的规律，慢慢地通过阅读、通过故事传授给孩子。这些精心挑选的书籍，将在娓娓动听的故事中，告诉他们和平、尊重、爱心、宽容、乐观、责任、合作、谦虚、诚实、朴素、自由、团结、专注、想象、宁静、勇气、敬畏、热忱、虔诚、感恩、纪律、反思……它们将编织出一张美丽的网，呵护孩子们，让他们在漫长的人生旅途中保持纯真、快乐和勇气。

当然，正如我开始就提醒的，午读，只是一个象征意义的时间表述，不一定就是午间阅读。“午读”也可以安排在下午，甚至晚上。共读，可以是全班同学的共读，可以是老师与全班同学的共读，也可以是父母与孩子的共读。无论是哪一种共读，都是一种共同的生活，都会鲜明地影响共读双方的精神世界，为形成共同的语言、共同的密码、共同的价值奠定坚实的基础。

暮省的本质，则是让师生学会反思自己的生活。

学生每天完成学业以后，思考和反省自己一天的生活，用随笔、日记等形式记录下来，师生之间、亲子之间通过日记、书信、批注等手段，互相沟通、激励，这种文字的编织最终将提升生活的品质，让生活更有意义，是新教育实验重要的组成部分。

暮省，也可以结合学校生活和社会生活中发生的重大事件，让师生就这些事情进行比较深入的讨论甚至辩论。如果说日记、书信、批注等更多的是对自己的行为进行反思的话，那么，这里的反思更多是针对他人和社会问题的。

形成反思的习惯，无疑是暮省的重要价值。如果能够坚持反思与记录，无论老师还是学生，都可以做得更好。

新教育实验的十大行动有“师生共写随笔”，这是暮省的主要呈现方式。要特别注意的是，实验初期的学生的随笔往往带有明显的作文倾向，实验教师也往往是以作文的要求来评价学生的随笔。只有将随笔和日记视为“三省吾身”的生活方式，作为反思自己的重要形式，教师提笔参与学生的成长，才能共同走向自主和成熟。而学生随笔也逐渐地丰富为心灵独白（保密日记）、相互倾诉（共写日记）、观察日记、班级共议日记、文学创作等多种形式。

对于低龄段儿童，我们不主张形式主义的“暮省”，而是要求针对父母和孩子的实际情况因地制宜。如新教育的儿童“读写绘”项目，就是在教师给孩子们讲故事、图画书的基础上，让孩子通过绘画的形式记录这个故事，并且用讲述的方法给自己的父母进行复述，再由父母记录下孩子讲述的内容。这是学校与家庭，教师、孩子和父母，绘画、文字和声音相结合的学习方式，也是一种适合低龄段儿童的“暮省”方式。

新教育实验重视仪式。我们认为，仪式不同于形式，仪式唤醒生命，能够给孩子们许多心灵的震撼。因此有些新教育学校创造性地把“晨诵、午读、暮省”作为一种仪式进行。如山东省淄博市金茵小学，每天早上 8:00 到 8:15 都进行“晨诵”，他们认为，这样能让孩子们在霞光和诗意里，领略母语之美，沐浴音乐之魂；每天 14:00 到 14:20 都进行“午读”，他们认为，这样的教师与学生共读是一种享受，彼此之间相互传递快乐和智慧是一种幸福；当一天的学校生活结束的时候，金茵学校的师生要集合起来进行“暮省”，这个仪式由三个环节组成，首先是让孩子们静下来“反思”一天的学校生活，其次是讲一则经典故事给孩子们听，最后是师生共同致谢。

更多的学校没有这样的特别仪式，但是，“晨诵、午读、暮省”，将教育回归到一个朴素的整体，它既是对学科课程的补充，同时也是对过早精细化的学科课程进行矫正。新教育实验认为，素质不是知识和能力的拼板，而是一个人的完整的理解力和创造力。素质教育不是简单地增加一些文艺、体育的课程，而是通过一种整合的生活方式，并结合学科课程的学习，把那些真正对一个人一生有用的东西教给学生，让教师与学生真正能够过上一种幸福完整的教育生活。

所以，“晨诵、午读、暮省”，是我们的一种努力，是想培养孩子们珍惜生命、亲近母语、热爱阅读、善于反思的良好习惯。至于具体做法，你在教室里完全可以继续大胆创造。相信你会在这样的创造过程中，收获成长，收获幸福。

你的朋友：朱永新

为每个生命颁奖
——如何开展期末庆典？

朱老师：

听说，新教育每学期都有一个隆重的庆典，进行班级的叙事，为所有的学生颁奖。这与我们大部分学校只有少数学生受到表彰很不一样，您能否解释一下，为什么要这样做呢？

老师：

是的，如你所说，新教育每学期期末都要举行一个非常重要的活动，它是完美教室的重要组成部分，是班级最隆重的庆典，一般包括三个重要的内容：班级叙事、生命颁奖和生命叙事剧。

班级叙事，是每学期期末全班同学与教师、学生父母共同参与的一次活动。班主任老师一般会用图片加文字的方式，讲述自己班级发生的各种故事。他们是如何穿越各门课程的，他们是如何阅读那些伟大的著作的，他们是怎样郊游、参观博物馆的，他们是怎样举行亲子共读的，等等。作为班主任老师，要完成一个完美的班级叙事，关键是平时资料的积累，要关注班级的细节，要请爸爸妈妈和其他各个学科的老师一起帮助收集资料，无论是照片、视频、文字，多多益善。在讲述时，一定要注意同时呈现其他学科老师以及优秀的学生父母所做的工作、所发挥的作用，感谢大家共同为教室里的孩子做的所有的事情。

生命颁奖，也是每学期期末的一次主要活动。既然是为生命颁奖，而不是为“优秀”颁奖，就不是为少数人颁奖，而是为全班的每一个人颁奖。所颁发奖项的名称，一般是别出心裁的，是根据这个学期老师与同学们共同穿越的那些名著中的人物、动物或者其他事物来命名的，以其象征意义，对学生进行肯定与引领。如读《夏洛的网》，生命颁奖中，可能就会出现“威尔伯奖”“夏洛奖”等，读《绿野仙踪》，可能就会有“多萝西奖”“稻草人奖”“铁皮人奖”等。所颁发单项奖的内容，则应该是更为细致的，如可以分为“阅读之星”“体育之星”“友爱奖”“善良奖”“最公正奖”“最勇敢奖”等。每个学生得到的单项奖可能有多有少，但是一定要让每个生命都得到奖励。

为每个生命颁奖，是新教育的一个重要理念。每个生命都是值得尊重的，值得呵护的。每个孩子的基础不一样、能力不一样、个性不一样，我们不可能用统一的标准评价所有的学生，也不能够用一张试卷衡量所有的学生。最好的教育，应该让每个人成为他自己，让每个人的潜能得到最大的发挥，让每个生命绽放独特的光芒。

在生命颁奖之后，就是整个活动的最高潮——生命叙事剧的演出了。新教育生命叙事剧，我们最初把它叫作童话剧，因为这个项目最初在小学启动，大部分剧目都是选择著名童话改编的戏剧。但是，在不同的年龄阶段，戏剧的内容当然有所不同。

新教育生命叙事剧在表现形式上，与戏剧类似，但本质上有着截然不同的特性：第一，生命叙事剧是语文和戏剧、舞蹈、美术、音乐等学科的融合。生命叙事剧所演出的内容必须来自每个学期的共读书目，因此从语文学科的角度来看，生命叙事剧是一种深度阅读。生命叙事剧中经常伴有各种形式的师生自编自创的舞蹈，让学生感受生命的律动。生命叙事剧的舞台设计、背景音乐与主题音乐的选用和创造，也要发挥相应学科老师的作用。第二，生命叙事剧中的角色确定，从学生的生命出发而不是戏剧的需要出发。生命叙事剧以教室为单位，强调每个学生都必须登台演出。第三，生命叙事剧的时间是以学期为阶段，每学期一个剧目。而且一般安排在班级叙事和生命颁奖的活动之后。

因此生命叙事剧最关注的是每个学生在戏剧之中的生命呈现，其排练是从共读该书开始，其后的竞选角色、道具制作等都是叙事内容，最后的演出既是以戏剧进行全班学生的生命呈现，也是每学期每间教室的“生命叙事期末庆典”的一部分。

衡量新教育生命叙事剧是否精彩，不是看学生们的演技是否成熟，布景是否漂亮，而是看学生们有没有真正地演绎出剧中人物的灵魂，把著作的真谛表现出来，每个学生是否真正地投入剧情之中。

法国思想家布律耶尔说：“用感情生活的人，生命是悲剧；用思想生活的人，生命是喜剧。”悲剧是把有价值的东西毁灭给人看，喜剧是把无价值的东西撕碎给人看。只用感情或者只用思想生活，都会失之偏颇。其实，人生最需要的是“中庸”

的智慧，是既有感情又有思想的“正剧”。新教育生命叙事剧，就希望运用舞台上的“正剧”，引导出人生的“正剧”。每一个学期开始，作为老师就要与孩子们一起为期末的这场“大戏”做准备。从选择合适的名著，到竞选剧中的人物，从布景道具的制作，到音乐布景的选择，从剧本的创作，到排练的过程，每个学生都深度参与。这不是某一个人的戏剧，而是他们每个人的生命的叙事剧。

每个生命都是这个世界的唯一。关注每个生命，关注每个孩子，为每个生命颁奖，为每个生命喝彩，应该是我们教育的使命。

你的朋友：朱永新

好的教育是一种合力
——如何寻找适合孩子的家庭教育？

朱老师：

我国的学校教育在某种程度上说是一种偏重智力的教育，考查学生是否优秀主要以学习成绩为主。在这样的情况下，作为一名普通教师，也是一名学生的家长，如何对孩子进行家庭教育？是延续学校教育的模式，还是自寻一条适合孩子的方式？

老师：

你提出的偏重智力教育问题，事实上不仅是学校教育的一种倾向，也是家庭教育的一种倾向，值得关注。

我们现在的考试评价制度，不仅和学校有关，也和父母们的期望是有关系的。我们现在的教育，无论学校教育还是家庭教育，都是一俊遮百丑，只要成绩好，一切都好，只要分数高，畅通无阻。所以无论学校还是家庭，无论老师还是父母，主要的精力还是偏重智力教育，偏重分数教育。评价孩子最重要的标准也是看考试成绩。所以严格地来说，一部分学校和家庭共同组织了一个“反教育联盟”，在联合起来反真正的好的教育。

所以，不仅家庭教育需要变革，学校教育也需要变革。不是父母亲要自己寻找一条适合孩子的道路，而是学校和家庭、教师和父母共同创造一种适合孩子的教育。那么，最重要的一点是：无论从家庭来说也好，还是从学校来说也好，首先要清楚什么样是好的教育。然后才是怎样才能真正把最好的教育给孩子。

我认为，做人的教育就是最好的教育。帮助孩子能够成为一个阳光的人，成为一个有理想的人，成为一个有良好习惯的人，成为一个善良的人，成为一个能够关心别人的人，成为一个能够遵守社会公德的人，成为一个能够不断自我成长的人，等等。这应该是学校教育和家庭教育的共同目标，也是教育最重要的基础。其实，这也就是我们十八届三中全会提出的立德树人的问题。立德树人始终应该是教育的第一位的目标，是超越所有目标之上的一个关键目标。我认为，帮助孩子成为一个善良的人，成为一个好的公民，是教育的最重要的出发点。

因此，我们在评价孩子时，就不能简单地看学习成绩。考试是一个指挥棒。过去的高考也好，中考也好，所有考试基本上检查的都是学生的分数。所以我们首先要改变我们的评价方式，包括我们的考试招生制度，在评价学生的时候不要唯分数论，这是最重要的一个基本环节。我知道国家正在出台新的高考办法，在很大程度上将要改变现在的一考定终身、一俊遮百丑的格局，对注重学生综合素质的评价会起到很大的引领作用。而关于这一点，父母在家庭里行动起来、改变起来，其实要快得多。

其次要努力去培养孩子良好的习惯和兴趣。叶圣陶先生曾经说过，教育就是培养人的习惯。比如，学习在很大程度上是培养一个孩子良好的阅读习惯，运动在很大程度上是培养一个孩子良好的健康习惯等，这些好习惯会帮助一个人的一生。而且，一个人的一生在很大程度上和他如何支配他的业余时间有关，如果一个人有良好、健康的生活情趣和爱好，就不会有更多时间去做不好的事情。人的时间相对来说是有限的，我们用美好的东西去填充了一个人的所有的时间，这个人就会不断地走向美好。所以在学校和家庭生活中，我们都要努力帮助孩子养成良好的习惯，培养良好的生活情趣、兴趣。

所以能够看出，好的教育是一种合力。如果没有家庭社会和学校通力合作，就不可能有学生的健康成长。学校和家庭怎样有效沟通、合作，是一个非常关键的问题。现在有时候家庭和学校目标不一样、期待不一样，甚至是彼此矛盾，这样再好的教育效果也会彼此抵消。所以新教育实验非常强调“家校合作共建”。为此我们专门成立了新父母研究所，期待父母们更好地提升教育素养，更好地理解教育、参与教育，更好地在家庭中自觉地发挥好父母自身的影响力，用自己的榜样力量去帮助孩子更好地成长。

最好的教育是帮助人成为他自己。现在偏重智力的教育只有一个英雄，就是分数的英雄。打破这种完全根据智力来评价学生、根据分数来评价孩子的办法，我们就可以让每个孩子都成为英雄，从而让每个孩子的潜能都得到最充分的发挥。

对孩子来说，每个孩子都是一个独特世界。所以无论是学校教育也好，家庭教育也好，都没有一种适合所有孩子的方式。必须针对每个孩子的个性，针对每个孩子的潜能，寻找一种属于他的方式。无论你是作为老师还是父母，认识孩子，理解孩子，都是整个教育的一个最重要的前提。父母、教师和学生共同成长，则是教育良性发展最关键的基础。相信你通过思考与行动，一定能在这个探索的过程中找到最适合你的孩子、你的学生们的路。祝福你。

你的朋友：朱永新

孩子身上有父母的影子
——如何同时成为好老师和好妈妈?

朱老师：

10年前，我成为一名老师。5年前，我成为一名母亲。在教育的过程中，我越来越深刻地体会到，家庭教育太重要了。有什么样的父母，就有什么样的孩子。所以，如何观察孩子，如何做好父母，也应该是教师的重要工作。您觉得我说得有道理吗?

老师：

“有什么样的父母，就有什么样的孩子”说得虽然有点绝对，但是还是很有道理的。家庭教育实在太重要了。

现在社会普遍关注的焦点是学校教育，父母更多地考虑的也是学校教育，忽视了他们自己才是真正的教育基础，才是决定孩子命运的关键。通常，优秀孩子成为优秀人才的背后，总能找到温馨和谐家庭的影子，同样，一个人形成不健全的人格，也可从其家庭中找到充满冲突和矛盾的因素。

家庭教育的重要，首先在于儿童时期在人的生命发展过程中具有特别重要的意义。它是人真正诞生的基石。中国古代就有所谓“三岁看大，七岁看老”的说法。苏霍姆林斯基也曾经指出：“童年是人生最重要的时期，它不是对未来生活的准备时期，而是真正的、光彩夺目的一段独特的、不可再现的生活。今大的孩子将来会成为一个什么样的人，这里起决定性作用的是他的童年如何度过，童年时期由谁携手带路，周围世界的哪些东西进入了他的头脑和心灵。人的性格、思维、语言都在学龄前和学龄初期形成。”

因为人的认知风格、个性特征，人的行为习惯、语言能力，等等，几乎在孩子上学校之前就已经形成，也就说明了在孩子成长的过程中，父母的作用具有不可替代的重要性。

我们虽然不能够说“有什么样的父母，就有什么样的孩子”，但是孩子身上有父母的影子，是毫无疑问的。孩子是世界上最伟大的模仿师。他的语言是模仿的，他的行为是模仿的，他的观点是模仿的。父母的兴趣往往会成为孩子的兴趣，父母的坏习惯往往会成为孩子的习惯。

其次，在学校教育中，如果我们不关注家庭，往往找不到教育的感觉，找不到孩子们问题背后的缘由。要解决学生的问题，往往必须先解决父母的问题。因此，家庭教育的重要性，也体现在它对学校教育的作用和反作用上。

许多伟大的教育家、思想家都意识到家庭教育的重要性。英国学者赫胥黎曾经说过：“欲造伟大之国民，必自家庭教育始。”德国教育家福禄贝尔也说：“国民的命运，与其说是操在掌权者手中，倒不如说是握在母亲的手中。因此，我们必须努力启发母亲——人类的教育者。”他还说过：推动摇篮的手是推动地球的手。我国近代著名思想家梁启超先生更明确地说：“故治天下之大本二，曰：正人心，广人才。而二者之本，必自蒙养始；蒙养之本，必自母教始；母教之本，必自妇学始。”“故妇学实天下存亡强弱之大原也。”

我曾经多次说过，我们的家庭之路上充满着无证驾驶的“司机”。现在，没有驾照不能开车，违规要罚款。做父母比开车要复杂一百倍、一千倍。一个孩子的方方面面，从生理到心理到养育方式，从知识的学习到人格的养成，是一门大学问。但是，我们不需要接受任何培训就可以做父母，就可以对孩子发号施令了。就像没有经过培训的司机，不需要证就可以开车，在高速道路上肆意横行了。实际上，如果一个国家充斥着这样无证驾驶的“司机”，这个国家一定是危险的。

其实，无知地对待儿童比无知地对待成人更可怕。正如蒙台梭利指出：“在成长发育的过程中，儿童如果没有得到适当的照顾，他们长大成人后会报复社会。无知地对待儿童，比无知地对待成人后果要可怕得多。这会在婴儿的心中产生巨大的障碍，进而形成一种阻碍世界发展的个性。”设想一下，如果没有父母无知地对待儿童，这个世界可能就会美好许多。我们无法统计，有多少家庭、多少父母是不熟悉教育的常识的，是没有做父母的“驾驶执照”就匆匆上路的。但这样的父母在生活中经常可以看到。之所以无知地对待儿童比无知地对待成人更可怕，是因为儿童是软弱的、被动接受的、听天由命的、无法抵抗的，而成人是有意识的、有选择能力的、可以抵御的。

你说，你5年前成为母亲，为你高兴。母亲，其实是世界上最伟大的老师，真正的人是在母亲手中诞生的。希望你在用心耕耘你的教室的同时，不要忘记用心教育自己的孩子。在教育自己的孩子的过程中，你会进一步理解教育，理解家庭与学校的有机联系。同时，希望你能够知道，影响孩子最有效的方式，是与他一起成长，为他做一个榜样。你要求他做到的，你自己首先应该做到。你要求他有理想，你自己就要是一个有梦想的人；你要求他阅读，你自己首先要成为手不释卷的人；你要求他写日记，你自己首先要成为一个每天记录自己生活的人；你要求他整洁干净，你自己就不能够邋里邋遢。

其实，为孩子做榜样，不仅是你作为母亲需要的品质，也是你作为教师需要的品质。在一定程度上，你的学生也是你这位老师的拷贝，他们会传承你身上的许多东西，好的，坏的。

无论做母亲还是做老师，归根结底是做一个最好的自己，这一点，应该成为我们自觉的选择。

你的朋友：朱永新

让学生父母成为你的助手
——如何做好家校合作共建?

朱老师:

在新教育实验中有一个“家校合作共建”的项目。我不理解,学校教育为什么一定要家庭的参与?如果许多不懂教育的家长都要对我们的教育发表意见,给学校拿主张,那不是乱套了吗?

老师:

首先,我不主张使用“家长”这个概念。

10多年前,我发起新教育实验的时候,就发现“家长”这个称谓有问题。所以,新教育实验一直坚持用“父母”代替“家长”,我们把通常的“家长学校”改为“新父母学校”。

为什么要用“父母”正式取代“家长”的称谓?首先,在国际交流中,“家长”一词缺乏相应的概念。在英文中,“家长”的概念勉强可以翻译为:the head of a family,patriarch,the parent or guardian of a child,genearch,householder。但我们一般使用的家长概念,其实说的就是父母。如《中华人民共和国未成年人保护法》提到“父母”之意共九处,其中八处用了“父母”,仅在第三十九条中用了“家长”,即“责令其家长或其他监护人加以管教”。其实,此处的“家长”改为“父母”也是完全可以的。

其次,也是更重要的,“家长”是一个封建传统的概念,这个称谓已经不适应民主平等的现代家庭。说起家长,首先想到的就是一家之长,家长制。《辞海》第1023页关于“家长制”的解释是:“家长制家长拥有统治权力的家庭制度。在家长制家庭里,家长握有经济大权,居于支配地位,掌握全家人的命运。旧中国的家长制,在宗法制度下,以封建的法律、礼教、习惯,束缚家庭成员,维护封建财政,巩固封建统治。新中国推翻了封建买办阶级的统治，废除了家长制。”既然废除了家长制，为什么不连家长的称谓一起废除呢？

最后，在后喻社会，许多父母的知识已经落后于孩子，如果仍然采用“家长制”的管理方式，不仅容易使孩子产生逆反心理，也不利于父母自身的学习与成长。和谐平等、相互尊重的新型家庭关系，亲子共读共写共同生活的家庭生活方式，应该是未来家庭和家庭教育的方向。所以，取消“家长”的称谓势在必行。

回到你的问题。其实，不管你是否愿意，父母都是一支不可或缺、不可忽视的教育力量。瑞典教育家哈巴特曾经说过：“一个父亲胜过一百个校长。”事实上，父母才是培养学生真正的最基础的力量，学生们每天从家庭到学校，再从学校回到家庭。加上节假日，他们在家庭的时间是超过学校的。我曾经说过，童年的秘密远远没有发现，童年的长度决定国家的高度。童年大部分是在家庭中度过的，家庭、父母对孩子的影响是刻骨铭心持久悠长的。同时，学生们来到学校的时候，事实上已经不是一张白纸。他的个性、认知风格、行为习惯已经初步形成了。所以，小学一年级的学生，他们的心理发展水平，可能是从 5 岁到 10 岁之间，而这种差距的形成，主要也是在家庭中实现的。

无论我们是否愿意，家庭总是与我们学校的教育紧密相连。在这个问题上，南怀瑾甚至认为：“教育从家教开始，学校不过是帮忙一下。”总之，为父母者责任重大。

问题在于，我们究竟是把父母当作对手还是当作助手？我们是做 1+1=2 的加法，还是做 1-1=0 的减法？

从我们的观察看，凡是能够充分发挥家庭的教育作用的学校和老师，他们的教育就会顺利得多，卓越得多；凡是不能够充分发挥家庭的教育作用的学校和老师，他们的教育就要艰难得多，麻烦得多。

作为一位教师，尤其是班主任，与父母的沟通的确是一门重要的艺术。以往，与父母的联系最重要的渠道是家访。通过家访，亲自了解、感受家庭的氛围，了解父母的养育方式与家庭关系，是非常有效的。问题是，我们有些老师把家访变成了变相的“告状”，反而会造成师生关系、父母与教师关系的紧张。

在有了校讯通和微信群以后，父母与教师的联系更为便捷了。但是也遇到了许多新的问题。文字或声音的联系，毕竟和面对面的交流不同。甚至在学校办公室里的面对面的交流，和在学生家里的自然环境下的交流也不同。很多时候，沟通不够充分，结果可能反倒造成误会，甚至不如不沟通。所以，新教育实验学校一般会建立各种形式的家校合作委员会和新父母学校，来推动家校共建工作。前者是以父母、教师为主体的家校合作机构，通过父母参与学校的重要事务和重大活动的全过程，实现学校的民主决策与民主管理。后者是学校利用社会资源，帮助父母提高教育素养，解决育儿难题的机构。

另外，许多新教育实验学校还参加了新父母研究所建立的萤火虫工作站。萤火虫工作站的站长大多数是学校里或者社会上具有丰富教育经验的教师、父母，他们提供亲子共读、亲子游戏、亲子戏剧等各种各样的活动，帮助父母与孩子成长，也在很大程度上成为学校教育的好帮手。

不仅新教育实验重视家校共建工作，从全国范围来看，也有越来越多的地区开展相关工作，并且取得了令人称道的效果。从山东潍坊等地的实践来看，父母尽可能参与学校管理，对于了解学校情况，增进与教师的互相理解，帮助学校更好更快地发展，起到了重要的作用。如潍坊市近年构建了一个行政搭台、专业引领、家校合作的现代教育治理新体系。通过百万父母进学校、重新学习做父母等活动，促进教育合力的形成，对潍坊教育的推进起到了重要作用。而该市也连续三年被评为山东省学生课业负担最轻的地市；高考从 2002 年至今，入一本线考生，占全省的 1/6~1/7；群众对教育满意率连续五年位居山东省第一。潍坊教育之所以呈现出质量较高、社会满意的良性状态，与他们重视家庭教育、重视父母的参与是分不开的。在当地，尤其是全社会对教育的高度认同，明显高于全国水平。

总之，父母是一支重要的教育力量。教师和父母，应该围绕着孩子搭建起教育共同体。要尽可能与父母协同合作，把父母的正能量充分发挥出来。当学生父母成为教师的教学助手，教师就会像有了三头六臂一样，能够在教育教学中从容发挥出更大的力量。

你的朋友：朱永新

校长不是你的老板

——如何处理与领导的关系？

朱老师：

我是一名刚刚毕业的教师。上岗之前，家里人就对我说，一定要和校长搞好关系，否则校长给你小鞋穿，你就很难翻身了。我也知道在学校要尊重校长，但是总不能昧着良心，不论对错都去拍校长的马屁吧？为此我经常处在矛盾之中，我该怎么办呢？

老师：

你的问题是每个老师都会遇到的真问题。

在学校中，校长与教师，管理和被管理，本身就是一对矛盾。校长作为一校之长，作为一所学校的管理者，他首先考虑的往往是学校如何健康发展，如何提高办学质量，如何提高管理品位，如何改善学校条件，如何赢得上级支持，如何得到社会肯定等。这些问题，是校长放在第一位的事情。也就是说，校长一般是以学校为本位的。而作为教师，往往处于被管理者的地位，他首先考虑的往往是个人利益，如何受到尊重，如何有公平的待遇，等等。作为校长，做出的决定不一定能满足所有老师的需要，甚至会触及一部分教师的利益。在这个时候，校长与教师之间就容易产生冲突，教师就容易抱怨校长，对立情绪就会产生。

那么，作为一线老师，如何与校长保持良好的关系呢？

首先，要平视你的校长，不要把他当作老板。校长是学校的最高决策者和管理者，校长可能是上级任命的，也可能是民主选举的。校长一般都有教师的经历，而且可能还是优秀教师出身，校长所处的位置，掌握的信息可能比我们多一些，因此看问题可能更全面一些。无论如何，我们都必须把校长作为一个普通人、正常人看待。校长也有七情六欲喜怒哀乐，也会犯错误干傻事，也有生老病死，在一些问题上也不一定比我们高明，也会犯错。所以，我们既不能自傲，也不要自卑。心平气和地对待校长，对待校长的工作安排，对待校长的各种决定，容纳校长的一些错误，你就能够真正从内心接纳校长。如果你把校长当作管理你的“老板”，把学校看成是校长的“家天下”，你就可能惧怕校长的权威，或者产生敌对的情绪。

其次，要理解你的校长，学会站在他的立场思考问题。校长与教师考虑问题的角度会不一样，校长会更多地从学校整体的角度来看全局，而教师则喜欢从自己的角度出发去看局部。在教师的角度上看问题是正确的，但是换个角度站在校长的立场上看问题，可能就不一定正确了。有一位校长曾经这样叹自己的苦经：作为校长确实是一个“活的苦差”。既要为学校的教学质量绞尽脑汁，又要为学校的生存发展绞尽脑汁；既要为教师们的福利绞尽脑汁，又要应付上级各种各样不切实际的检查。他“最希望得到的是教师们的理解与肯定”。但总有一部分教师不理解，总觉得校长辛苦是应该的，校长受罪是自找的。所以这位校长感叹“理解万岁”。所以，如果我们能够换位思考，就能在现实生活中，对校长多一分理解，我们自己也会多得到一分支持，校园也就多了一分和谐。

最后，尊重你的校长，不要在公开场合批评校长。尊重是人的最重要的需要之一。自尊心是人心灵最敏感的角落。尊重才能够赢得信任，赢得友谊。前面我们说了，校长是人不是神，校长也会犯错误。但是，校长毕竟是一校之长，毕竟希望自己有尊严有面子。所以，即使校长讲错话办错事，也尽可能不要在公开的场合指责校长、批评校长。一旦人的自尊心受到打击，就会非常难堪，就会对你心存芥蒂。所以，如果的确校长是错的，你不妨找机会私下和他谈，分析给他这样的错误会有怎样的后果。校长就会真心觉得你是对他好，是真正地帮助他。

对于校长来说，多提建议少提意见是他们最欢迎的。因为，意见是消极的，建议是积极的。如果我们真的对校长个人有意见，对校长的决定有意见，也应该尽可能用建议的方式善意地提出来。校长最不喜欢的就是那种“成天意见不断，大事做不来，小事做不好，眼高手低，遇事推诿，把自身利益看得高于一切的人”，而校长最为敬重的是那种“知识和能力都胜人一筹、有见识、做事主动会做事、关心学校，与学校同甘共苦的教师”。

校长是人不是神。与校长相处，要热情大方，又要不卑不亢；要尊重敬爱，又要建言谋策。过分奉承讨好，不仅有损自己的人格，也会让校长瞧不起自己。而所有的一切，最关键的还是做好自己。一位老师，真正用心守住了自己的教室，就会赢得校长、老师、学生们的敬重。用自己成长的高度，打造与人交往的空间，是维护人际关系最简单也最有用的办法。

你的朋友：朱永新

做自己的心理医生

——如何自我心理调适？

朱老师：

前不久看到了一个关于教师的段子，其中有这样几句话："满腔热血把师学会，当了教师吃苦受罪。急难险重必须到位，教师育人终日疲惫。学生告状回回都对，工资不高还要交税。从早到晚比牛还累，一日三餐时间不对。一时一刻不敢离位，下班不休还要开会。迎接检查让人崩溃，天天学习不懂社会。""鞍前马后终日疲惫，家长投诉照死赔罪；点头哈腰就差下跪，日不能息夜不能寐；校长一叫立即到位，一年到头吃苦受罪；劳动法规统统作废，身心憔悴暗自流泪；屁大点事反复开会，迎接检查让人崩溃；工资空涨令人心碎，薪水不高自己纳税……"这两个段子有一些偏颇，但是多少反映了部分教师地位的尴尬和教师的心理状态。您怎么看待这个问题呢？

老师：

这个段子我以前也看过，觉得多少有点调侃，但是对于教师的心理健康问题，还是应该认真地加以关注。2000 年，国家中小学生心理健康教育课题组曾经对辽宁省内 168 所城乡中小学的 2292 名教师进行了一次调查，结果发现心理健康障碍的发生率竟高达 51.23%。其中，32.18% 的教师属于"轻度心理障碍"，16.56% 的教师属于"中度心理障碍"，2.49% 的教师已构成"心理疾病"。其他地区的情况也与这个数据基本吻合。可见教师的自我心理保健非常重要。

教师的心理健康对自己、对工作有着非常直接的影响。人是一个理性的动物，但同时也是一个情感的动物。一个人是朝气蓬勃、阳光灿烂地工作，还是心情阴郁、没精打采地工作？是有板有眼、条分缕析地工作，还是杂乱无章、不分轻重地工作？是善于与人合作、受人欢迎的人，还是人见人躲、人见人怕的同事？等等，这些都是一个人的心理是否健康的表现。如果都是前面的表现，他一定是愉快的、幸福的。新教育实验倡导过一种幸福完整的教育生活，首先就是要让教师健康、幸福。做教师，不仅要有意义，还要有意思。

教师的心理健康对学生也有着非常重要的作用。我曾经说过，学生是最伟大的观察家和模仿家。教师的行为会直接影响学生的行为，教师的情绪会直接影响到学生的情绪，如果教师情绪不稳定，他就难以营造愉快、轻松的课堂教学环境，他的学生也会表现得烦躁不安、容易发怒、紧张焦虑，从而影响学习效率。相反，如果教师的心态很阳光，积极向上，学生们也会心情舒畅，教室里气氛也会和谐宽松，学习效率也会提高。

教师的心理健康水平还会直接影响到良好师生关系的建立。教师的情绪不好，看问题偏执，就会有许多错误的归因，就难以正确理解学生的心理与行为，甚至会采取不合常理的态度、方法来解决各种问题，严重时会产生对立与冲突。有心理学家提出：不良的师生关系会导致学生的心理疾病，而良好的师生关系可以医治学生的心理问题。师生关系的状态也会直接影响到学生之间的人际关系。教师如果性格孤僻、压抑焦虑，不仅会造成师生关系紧张，也会使学生之间充满猜疑、妒忌和敌对。

那么，作为教师，如何提高自己的心理健康水平呢？我认为主要是在四个方面下功夫：

一是提高认知水平。所有的问题，都是认识的问题，都与我们如何看待这个世界有关。你的胸怀大了，这个世界就小了，任何问题就不是什么大问题了。据说丰子恺先生说过：心小了，所有的小事就大了；心大了，所有的大事就小了。的确，你用怎样的眼光看世界，世界就有多大。你看到的世界，取决于你的视野，而你的视野取决于你的心胸。有些人斤斤计较，锱铢必争，是因为他的心胸很小很小；有些人坦坦荡荡，愿意吃亏，是因为他的胸怀很大很大。所以，全面地、辩证地看问题，用发展的眼光、等待的心情看问题，站在对方的立场换位思考看问题，许多问题也就迎刃而解了。

二是善于控制情绪。人非草木孰能无情？但是如果任凭自己的情绪，不考虑别人的感受，不考虑具体的情景，弄得别人下不了台，往往就会十分难看。在极端情绪的支配下，人们往往容易做出亲者痛仇者快的愚蠢的事情而后悔莫及。所以，遇到事情要学会冷处理，想一想，缓一缓，当时觉得天大的事情，过些时候就会觉得

“不过如此”了。世界上最幸福的事情就是与志同道合、情投意合的人一起做事，最理想的状态是找对人做对事。所以要自我提醒：越是能干，就越不会计较情绪上的细节，会更专注于做事，用事聚人；越是无能，就越会把细微的感受和情绪放大，从而更加影响做事的效率，恼人坏事。

三是加强意志训练。人也是一个目的性动物，人与其他动物的一个重要区别，不仅在于人有思想，有语言文字，会劳动，更在于人是一个按照自己的目标去行动的动物。为了实现目标，应该有所为有所不为。有所为，即使自己不想做的事情也要努力去做。有所不为，即使自己很想做的事情也能够不去做。看准了方向，就要坚定不移地走下去。哥白尼少年时就向往繁星闪烁的天空，想让星星和人交朋友。哥哥让他不要管天上的事情，因为“天上的事有神学家操心”。但是他我行我素，豪迈地说出：“为了让人们望着天空不感到害怕，我要一辈子研究它！”正是他这样坚持研究天文学和数学，才提出了著名的“日心说”。从兴趣走向信仰，是许多研究者的人生路线。

四是与人和谐相处。人是一个社会的人，生活在一个群体中，能否受到大家的欢迎，得到大家的支持，是衡量一个人幸福指数的重要标准。“吃亏是福”，不要对任何事斤斤计较，锱铢必较。在别人需要你帮助的时候及时伸出友谊的手。帮助别人是一件最快乐的事情，比千方百计地去争取利益要开心许多。所以有人说，成熟和天真并不矛盾，成熟是一种生活态度，天真是一种生活方式。我想，真正的圆善是把成熟和天真完美地结合起来。看透了世态炎凉人情世故，又能够坚守梦想绝不放弃；与人不锱铢必较斤斤计较，又能够温情脉脉真诚待人。既像饱经风霜的老人，又似浪漫无忌的孩童。以此作为自我修炼的追求，就能在生活中收获更多从容与快乐。

1996年，联合国专家曾经预言：“从现在到21世纪中叶，没有任何一种灾难能像心理危机那样给人们持续而深刻的痛苦。”随着科学技术的进步和现代医学的发展，我们身体上的疾病会逐步减少，治疗疾病的方法也不断成熟，但心理问题会越来越多地困惑我们。

做好自己的心理医生吧，做一个阳光灿烂的幸福教师！

你的朋友：朱永新

第四辑　让我们过一种幸福完整的教育生活

幸福的教育生活，需要从教育本身去寻找。

发现教师职业的魅力，做一个善于享受教育生活的人；培养更健康丰富的爱好，做一个有生活情趣的人；与学生一起成长，做一个在教育过程中不断进取的人；不断挑战自我的最高峰，做一个创造自己生命传奇的人。

我们正在涨潮的海上

——2010 年新年致新教育同仁

亲爱的新教育同仁：

何谓新教育？

新教育新在哪里？

我们为什么要做新教育？

新教育能给我们带来什么？

新教育能为我们这个时代做点什么？

亲爱的新教育的同仁，我在问你们，我也在问我自己。每逢岁末年关，我总要不断地追问这些老问题。答案越来越清晰，使命感也就越来越强。

偶然间对着镜子，看鬓角的头发日渐斑白，想消逝的岁月永不回头，我会庆幸，因为使命的驱赶，因为新教育，我的心灵没有陪着轮回的日月慢慢变老。我感到幸运，我的生命在新教育中一日日走向丰盈。我虽年过半百，却能在新教育的体验中，倾听灵魂深处生命拔节成长的回音。

我得谦卑地承认，几十年前，在我初为人师的时候，我并不懂得教育与生命的密不可分；十年前，在我萌生新教育理想的那一刻，我也绝不可能像今天这样明了新教育之于时代之于生命的意义。

且不论我的想象力是如何的局限，即使插上想象的翅膀，我也难以想象：八年，仅仅八年，新教育会由一项理想主义的研究，变成一种现实主义的耕种，由一个书斋的念想，变成一个团队的行动。新教育，这个梦想的花园中，爬出了毛虫，飞出了蝴蝶。新教育，在那片古老的黄土地上，在那片遥远的田野间，撒下了一颗颗种子，开出了一朵朵顽强的、灿烂的、拥有春天的野百合花。

是他们，不，是你们，不，是我们，是每一个对新教育怀有宗教般情怀的人，以堂吉诃德的勇气，将苏南一隅的点点星火，欢愉地散遍广袤的天南地北；以西西弗的坚硬，将晨诵午读暮省的生活方式，柔软地植入未来的中国心灵。

多少回，我无法抑制我的泪水。当我们的魔鬼团队以田野作业的方式，布道于穷乡僻壤，我的眼泪为他们欢腾的理想为他们憔悴的容颜而流。当绛县的蒙学孩童以惊奇的眼神，遥望那天际苍穹，我的眼泪为他们农历的天空为他们润泽的童年而流。

我一直在说，新教育不是我一个人做的，新教育也不是我一个人的，新教育是你的，是我的，是每个需要新教育的孩子的。至于我，最多只是一个在时代急促的呼吸声中，大着胆子，跑出来喊了一嗓子的家伙。因为有孩子，因为有你们，我微弱的声音才能在中国教育的河里激荡。

感谢你们，亲爱的新教育同仁，在改良中国教育的集体行动中，给了我义无反顾的勇气，让我找到了属于后半生的罗盘。我愿意追随你们，为了孩子，为了幸福完整的教育生活，无论前面的路有多遥远，有多艰难，我会始终和你们一起奔跑，愉快地吹着口哨，不惧忧烦，不问明天。

我们要像一群仰望星空的孩童，从不抱怨星星又旧又生锈，只是拿着抹布和水桶，一路踉跄，擦拭盖在星星之上的蒙灰。我们不在乎别人说我们是疯子，还是傻子；我们不在乎我们的队伍，是幼稚，还是弱小。我们在乎的是，我们是否真的带着一颗心来，不带一棵草去；我们是否付出了全部的努力，让新教育之于中国教育，之于心灵建设，之于世道人心的正面价值，变成了最大值。

我们已经赢得世人垂注的目光，我们已经获得或大或小的掌声。那目光，是期许；那掌声，是勉励。我们不能停，不能歇，我们的脚步只能向前，我们的选择只能是跌倒后马上爬起，接着往前走。这是时代赋予我们的使命，在你的肩头，也在我的肩头。

我们原本卑微，因为新教育，因为一份使命，我们的生命由渺小变得庄严，我们的工作由稻粱谋扩充至千古事，我们的世界也从柴米油盐放大到家国天下。感谢你，感谢他，感谢我，感谢每一个醉心于新教育的同仁，放飞了我们共同的理想，在我们平凡的生活中注入了意义，使我们琐碎的人生变得贵重，让我们的生命从此荡漾着爱、诚恳、付出，以及智慧。

亲爱的新教育同仁，滴水穿石的成就，只问耕耘的精神，高于命运的理想，历史选择的天时，花开处处的地利，八方护持的人和，犹如一张张鼓起的风帆，将我们推到涨潮的海上。世事常呈波浪式起伏，世事难逃潮涨潮落的规律，让我们把握属于我们的机会，担起时代赋予我们的使命，随潮而歌，踏浪而行，以免潮水退去，折戟沉沙，空怀使命，黯然神伤。

我知道，新教育还有很多问题，有的是旧的，有的是新的。但请你相信，问题是我们收到的礼物，没有问题的烦冗晦涩，就没有答案的妙不可言。检视新教育深深浅浅的足迹，我们或许会发现，正是层出不穷的问题成就了今天的新教育，在为问题寻找答案而采取行动的过程中，新教育人慢慢凝合了乐观、坚韧、正向思考的气质禀赋。

亲爱的新教育同仁，新年的钟声就要敲响，从我们的指尖匆匆溜走的岁月，催促我们整点行囊，听从内心的呼喊，跟随自己的使命，站到涨潮的海上，乘风破浪，向着彼岸，开始人生的又一次出发。

祝福大家！

你的同行者：朱永新

2009 年岁末写于北京滴石斋

出发吧，带着使命，带着爱

——2011 年新年致新教育同仁

亲爱的新教育同仁：

明天，我就要出发，赶往苏州，我的第二故乡，和我的学生们一起度过一年一度的元旦聚会，听他们回顾已经过去的 2010 年；听他们遥望迎面走来的 2011 年；听他们言说成功、挫折、梦想与未来。

这一天，是我一年中殊为快乐的一天，看着他们一茬接一茬地成长，一浪推一浪地向前，如海潮生生不息地奔涌激荡。每逢此时，我的心，总因与他们的汇聚而激越，而年轻。

这就是岁月。我们可能看不到自己变老，却能看到学生们人到中年，看到他们的孩子在渐渐长大。更能够在同行者的身上，看到生命被雕琢、打磨，光芒日渐闪耀。

新教育也是这样，我们可能没有注意到自己生命的丰盈，却能看到润泽未来的新教育，在孩子们身上焕发出的容颜。

过去的一年，我们的成绩前所未有：一直在稳步前行的网络师范学院，已经越过了“千师门槛”，吸附了千名以上的学员；期待多年的新教育基金会，已经取得了合法身份，以昌明教育基金会的法定名称，在上海闪亮登场；凝聚多名优秀学人的新阅读研究所，在北京正式成立。我们苦苦探寻的机制建设，也在问题的碰撞中，打开了一扇门。

过去的一年，我们遇到的问题也史无前例：虽然有的实验区在经年累月的探索中形成了自己适合当地的新教育模式，让我们惊喜莫名，有的实验区却在人事变迁中走向了彷徨；虽然我们的管理水平上了一个大大的台阶，但专业人士的欠缺、专职队伍的不足，时常让我们的运营捉襟见肘，让我们建设一个现代化教育类 NGO 的进程磕磕绊绊。

除了这些新教育共同体全局的成绩与问题，具体到每一个新教育的参与者，有的人成绩更大，有的人问题更多。

在这年终岁首的时刻，我想跟你们说：祝贺每一个人！知道了成绩，我们就有了前进的动力；搞清了问题，我们就有了改进的方向。哪怕我们的问题超过成绩，也不要紧，之所以有了问题，是因为我们已背起出发的行囊，已挪动前行的脚步，已经开始出发。出发是关键中的关键，只要出发了，不管碰到多少问题，离理想的终点也会越来越近。就像我们喜欢的那只犟龟，只要上路，总会遇到庆典。

十年前，我向世界大声“宣读”了“我的教育理想”：理想的教育、理想的学校、理想的校长、理想的教师、理想的学生、理想的父母、理想的课堂。由此，我懵懵懂懂地发起了以理想主义为源动力的新教育实验。

那时，我只是做了一个梦。

那时，我所谓的教育理想，更像是一个梦想。

没想到，因为有你，因为有他，因为有你们，因为一个又一个亲爱的新教育同仁，而今，我的梦想变成了我们的梦想，我的教育理想变成了我们的教育理想，变成了我们共同的行动。

走在由梦想转向理想的道路上，我们经历了不知凡几的苦难，我们承受了种种不为人知的误解，为什么我们从未退缩，为什么我们的同仁越来越多？

——是使命！

是一种为重建心灵凤凰涅槃的使命！

是一种以生命为笔不懈书写的使命！

是一种让教育生活幸福完整的使命！

是一种为中国教育添砖加瓦的使命！

正是这种使命感，我们才当仁不让地将千千万万师生的事，当成自己的事。我们才以杜鹃啼血式的呼唤，期待教育者和受教育者的生活，都是幸福的、享受的、愉悦的、完整的。

正是这种使命感，我们才能够在成堆的问题前咬紧牙关，我们才能够在伤感的瞬间，克服了人性的弱点，收回了蹦到嘴边的“不干了”。

在江苏昆山，在河北桥西，在山西绛县，在河南焦作，在浙江萧山，在四川北川，在重庆长寿，在内蒙古东胜……在新教育同仁踏足的所有地方，为什么新教育的理想种子能扎根于现实土地？我感受到那是一种生命的强大力量，这种力量叫使命！

是什么让我们的新教育同仁，在用水、用电都极其不便的塞外安营扎寨？又是什么让大家在分歧不断时，仍能携手共进？是什么让大家在因缘还不具足时，还能结缘八方负重前行？

——还是使命！

在一个人生价值受到市场价格冲击的时代，唯有使命，以及使命背后的大爱，才能让生命的尊严重于生活的压力，才能让平凡的生命焕发出蓬勃的生机；在生命意义不时被生活现状困扰的当下，唯有使命和大爱，方能鼓起遥望远方的风帆，让我们从麻将桌上、从柴米油盐、从声色犬马、从官宦资财、从一切世俗的羁绊中，找到一个教育工作者的方向。

亲爱的新教育同仁，我要向你们致以一个同道中人的敬意，因为你们没有沉醉在俗世的尘烟中，没有将教书育人变成谋生饭碗，没有将升官发财变成人生方向，没有将莘莘学子变成客户市场。

我向你们致敬，因为你们没有加入愤世嫉俗的合唱，没有将抱怨与懈怠变成日常生活的一部分，没有将诲人不倦、勤勉精进、传道授业解惑这些古老的训诫丢弃一边，而是以一个普通知识分子的良知，以一个普通人的爱，担当起教师对学生对世界的责任。教书育人，导风化俗，培植善根，在默默无闻的生活中，在践行新教育的日子里，将使命变成了行动，将爱化为了力量。

偶尔，有人向我表示钦佩，赞扬新教育之于这个时代的意义，对此，我都满怀惭愧。如果时间允许，我总会虔诚地告诉他们，应该享受这份赞扬的不是我，而是你们，一个个散布在祖国各个角落的新教育人，是你们不计名利的辛劳，创新了新教育的理论，丰富了新教育的内涵，逼近了新教育的理想。

“行动，就有收获；坚持，才有奇迹。”这是我们的口号，也是我们的指南。新教育能够走到今天，能够给这个时代的教育带来一点点正面的影响，能够在善与恶的博弈中增益善的力量，仰赖的，正是你们源于神圣使命的行动和坚持，源于你们的爱。

在这新年钟声即将敲响的时刻，请允许我这个始终和你们站在一起的普通教育工作者，向你们说一声感谢，道一声辛苦，贺一个新年。我相信，无论何时何地，使命和爱的种子一旦落入泥土，就会开出迷人的花，结出善良的果。2011 年的新教育，将会因为你们的使命，你们的行动，你们的坚持，焕发出更为蓬勃的生机。将会有更多的人受此感召，以同样的使命，以同样的爱，开始新的出发。

祝福大家！

你的同行者：朱永新

2010 年末写于北京滴石斋

做贵人，不做匠人

——2011 年教师节的信

亲爱的新教育同仁：

秋风起，夜乍寒，又是一年教师节，又是一年月儿圆。我在北京，在家中，向你们，我尊敬的同道人，致以深深的祝福。

这几天，祝福的短信、电话、电子邮件，一定包围了你们所有的人。一句问候、一张贺卡、一束鲜花、一盒水果，犹如秋天里吹过湖面的微风，荡漾在你们的心田，快意着你们的人生。

我也是。作为一个有着 30 年教龄的“老教师”，我和你们一样，收到了来自学生、家长、社会各界一长串的祝福。

我认为，这是社会对为人师表者的褒奖，这是父母对传道授业者的礼赞，这是学生对躬耕杏坛者的感恩。

接受这些褒奖、礼赞、感恩的时候，我的内心充盈着兴奋，也潜伏着不安，特别是接到学生祝福的时候，我不知道，在教书育人的生涯中，我有没有忽略哪个曾经对我充满期待的眼神，有没有辜负我和他们的师生之缘。

有个年轻的朋友曾经告诉我，每逢教师节，他都会思念高中时候的一位教英文的女老师。这位英文老师不是他的班主任，与他素无瓜葛。但在他接连一个来月没有上学，远在乡下的父母一无所知的日子里，这位英文老师在县城的某个出租屋，发现了他的踪迹，给他丢下一张规劝他好好读书的字条。他没有因为这张字条马上返回教室，此后十年，他和她也几乎没有一丝联系。最近十年，随着年岁的增进，他对她的感激与日俱增。他开始给这位已经退休的英文老师邮寄贺卡和一些小心意，他说，有的年份，他也会因为忙碌而耽搁了礼物的邮寄，但他对她的敬意却丝毫没有减弱，挂念也越来越多。

有意思的是，这个朋友认为，这位英文老师可能根本就不记得他是谁，因为他的农民父母不能像一部分干部家长那样，让老师对他照顾有加，何况，她只教了他一个学年的英文，而他差不多旷了一半的课。

我不知道这位英文老师姓甚名谁，但我感佩于她对一个“问题学生”没有分别的爱。依我看，虽然她没有在那个时候解决这个“问题学生”的“问题”，却不失为这个朋友生命中的贵人，因为，她将爱的种子，播进这个朋友的心灵深处。很多年之后，那个在县城巷道找他的身影，那张早已无处可觅的字条，让他对善良、平等、同情和爱有了切身的体验。

我们应该感谢这位英文老师，是她，还有无数像她这样的老师，捍卫了我们所从事的这份职业的尊严。他们告诉我们，一个好的教师，应该是学生心目中的贵人，而非匠人。

贵人和匠人的区别在于，匠人只教书，不育人，但贵人不但教书，而且育人。教师节里，育人的贵人会收到祝福，教书的匠人也会受到礼赞。所不同的是，育人的贵人会受到学生终生的惦念，并将爱的教育传承下去，而教书的匠人犹如旧日私塾的先生，他们教授学生以知识，家长回馈他们以衣食。

亲爱的新教育同仁，教师节里，当我们收到一份来自学生或者家长的祝福时，我们有没有想过，表征祝福的载体，究竟是一担柴、一斗米，还是一颗心、一份情，抑或兼而有之？小心翼翼地区分一下吧，因为这关系到新教育的宗旨，关系到我们的来路，关系到我们每个人的幸福。

前些天，中央电视台就中小学教师评正教授的事情，采访了我。这是教师节到来之前，属于我们教师的一件好事。但我有一个小小的建议，大家不要因为职称评审，因为论文和专著，而疏远学生和课堂，从而远离了“贵人”，靠近了“匠人”。一个好的老师，是将根扎在教室，把心献给孩子，与学生一起成长，让学生在成人之后仍然瞧得起的老师，而这与论文专著关系却不大。

幸福的教育生活，需要从教育本身去寻找。如果有一天，我们能在教师节前后，能从一个学生的祝福中，感受到自己作为他们生命中的“贵人”的欣喜，还有谁会觉得教书育人的工作是无边苦海中无尽的苦役呢？

祝福大家！

你的同行人：朱永新

写于2011年教师节清晨

我的下一个十年
——2012 年新年致新教育同仁

亲爱的新教育同仁：

前几天，有朋友问我，2012 年元旦，你要和新教育人说点什么？一时间，我真的不知道如何回答这个突如其来的问题，但我觉得，我应该在新教育十年的时间维度下，和大家说点什么。

说点什么呢？

我想，我就乘着祝福大家新年愉快的机会，向各位新老朋友，做一次思想汇报。作为新教育共同体的一员，我要向各位亲爱的同仁，报告一下：我要怎样迎接我的 2012，走向下一个十年。

我要跟大家一起，把“苏北人”的拙诚、善良、勤勉、专注、认真、坚韧，带入下一个十年。

苏北人，这个概念对我而言，本来是个地理意义上的旧概念，因为我出生于盐城市大丰县一个靠海很近的小镇，是个地地道道的苏北人。这几天，见我忙着遵循旧例从北京返回苏州，和我的学生共度新年，一个朋友为我解读出人生意义上的新概念。他说，自 2007 年调入民进中央机关赴北京工作，我这个不时在苏州和北京之间往返奔波的人，既不像苏州人，也不像北京人；同时也既像苏州人，又像北京人，合称“苏州北京人”，简称“苏北人”。

这是一个笑话，于我，却像冥冥之中的天意，充满着生命的暗示。苏北人，不仅是我生命中挥之不去的生命符号，也是我血液里流淌着的文化印迹。三十余年前，当我背上行囊，离开故乡，苏北人的拙诚、善良、勤勉、专注、认真、坚韧，就一直指导着我的生命远征，若隐若现地浮现在新教育的历史中。比如说，小时候，黎明即起，临习字帖，寒暑易节，从不间断。虽然我的毛笔字写得不好，书法颇让各位见笑，但我的精神世界却得到了洗礼，拙诚、善良、勤勉、专注、认真、坚韧，这些向上的人生中须臾不可或缺的精神元素迄今仍在哺育着我的精神家园，鼓励我在十年新教育的旅程中，勉励前行。下一个十年，在新教育的征途上，我能走出多远的路，取决于我在多大程度上蹈袭这些旧有的精神元素。

下一个十年，我要跟大家一起，仰仗拙诚、善良、勤勉、专注、认真、坚韧，播下一粒种，追寻一个梦。

2012年，新教育将迎来她的十周年庆典。新教育共同体如何总结这十年，我尚不清楚。在我个人看来，新教育十年，只是播下一粒理想教育的种子，给新教育的追随者许下了一个梦想——“过一种幸福完整的教育生活”。

这个十年，我一直提倡“过一种幸福完整的教育生活”。下一个十年，“过一种幸福完整的教育生活”，仍然是我这个苏北人所理解的新教育实验的宗旨，是我遥望未来的指向标。我希望这个宗旨能够进一步延及孩子的一生。我清楚地知道，我个人的力量是多么的卑微，我想做的很多，我能做的很少。我要矢志不渝地站在新教育的队伍中，和各位亲爱的同仁一起，上下求索，为中国教育的进步，向着彼岸，尽一个教育人的心力。

彼岸是什么模样？

受伟大的印度贤者甘地的启发，我想，彼岸是一群又一群的孩子，待他们长大为一代新人，走向世界大舞台，我们能从他们身上清晰地看到：政治是有理想的，财富是有汗水的，科学是有人性的，享乐是有道德的。

祝福大家！

你的同行者：朱永新

2011年12月31日写于北京滴石斋

新教育的新征程

——2012年教师节的信兼答“一个普通的新教育人”

7月21日，北京遭遇了40年未遇的暴雨。77人的生命淹没在暴雨中，万余人无法按时回到自己的家。晚6时许，友人挂念，短信询问：“在哪里？”我以打油诗回答：“倾盆大雨，吾在路上。错把北国当水乡。无奈苦应酬，梦想不忘。”友人知道，我的梦想自然指的是新教育，于是和诗鼓励：“百万兵马，十年草粮。大帅小兵一肩扛。风雨等闲视，高歌朝阳。”

是啊，新教育一路走来，如今已迈过第十个年头。十年来，新教育从一个人的念想，变成万千人的梦想；从一所学校，发展到38个实验区的1500多所学校，成为燎原大半个中国的民间教育改革运动；所倡导的“过一种幸福完整的教育生活”的理念，已成为许多学校的价值追求；所开发的“晨诵、午读、暮省”的儿童课程，已成为许多孩子的生活方式……

也是在7月21日晚，我收到一封署名为“一个普通的新教育人”的长信，结合刚刚落幕的新教育年会，提出了一些问题。

这封信，我反复阅读，感动良久。

十年来，新教育这锅石头汤，正是在新教育共同体的努力下、在无数新教育人的探索中，不断丰富完善。新教育的年会，也因此成为新教育的里程碑，就像是每年一次的盛大庆典，为一年的劳作成果举行一个庄重的仪式；也像是一次次庄严的出征，为新的出发进行一次壮行。

正因如此，在不断呈现新的精彩时，每年的年会也会听到许多反思的声音。这位新教育人来信中的思考，代表了许多新教育人真实的内心感受和对新教育的热切期盼，其实，也是最近几年我反复听到的声音。所以，我愿意就这封信提出的若干问题，谈一些个人的想法，就教于各位新教育同仁。

新教育是不是走得太快了

这位老师告诉我，年会回来以后，一位新教育朋友对她说：“你知道吗，读看云，读华德福，仿佛听见：‘不要急，慢慢来。’而打开罕台微博，就感觉焦虑，感觉要加油！加油！要奔跑！”她想想也觉得如此，遂有一问：新教育，是不是走得太快了？

这位老师的疑问，与年会的形式与内容有关。她在信中问道：“年会的功能究竟是什么？年会需要每年都办吗？年会以这样的方式呈现妥当吗？毫无疑问，年会是一种庆典，庆贺每一阶段的实践成果。但年会更应是引领，是解惑答疑，是交流碰撞，是厘清与梳理，是矫正与规划。”

从庆典的角度看年会，堪称精彩。但是，年会显然不仅仅是庆典。从解惑答疑、交流碰撞，或者厘清与梳理、矫正与规划方面来看，年会的确仍然存在许多不足，甚至因为实验规模的日益扩大，不足之处也日趋明显。

比如，尽管年会期间我们有实验区负责人的会议，有新教育理事会，对于上述问题多少有所涉及，但这些会议毕竟不是面向所有的新教育人。参加会议的新教育人有局长、校长、老师等不同职位，教授语文、数学、美术等不同学科，还有新手和老将区别，对同为教育者，但差异其实巨大的新教育人而言，他们最需要的是什么呢？我们又如何切合他们的需要，让他们从年会中得到更实在的收获呢？这的确应该引起我们足够的重视。

这位老师长期负责学校的教育科研工作。她说，从教育科学研究的角度来看，新教育十年，就是行动研究的十年：边研究边行动，边行动边修正方案。而她更愿意把年会视为“课题立项”。年会的主报告，就是一份课题方案，介绍课题的研究目标、研究内容，以及研究方法。其中具体的研究步骤与策略，则由不同的老师与不同的学校依据自己的实际情况去制订。一年聚焦一个主题，就是一年一个“课题方案”。

同时，这位老师坦率地指出：“但是，我深深地懂得，课题，除非是学科课题，否则一年做一个课题，那是做不好的。就像猴子摘西瓜，摘一个扔一个。真正做事，非五年十年不可。所以，我想，年会，为什么非要一年一次，一年一个主题？是否也可以两年或者三年一次？”她认为，从科学研究的内在规律看，一年一个课题，很难真正地深入，也很难真正地巩固。

此话有一定道理。对一所新教育学校来说，如果没有足够的准备，每年参加年会，每年推出新的实验项目，的确会有些眼花缭乱，手忙脚乱。所以，我们一直建议实验学校结合自身情况，选择项目去做实、做好，并没有要求实验学校面面俱到，所有的项目都去践行。

但是，对于一个成长中的教育实验来说，我们的确有时不我待的紧迫感。

新教育真的走得太快了吗？坦率地说，我一直没有感觉新教育走得太快，相反，倒是觉得走得太慢。因为，新教育与我的教育理想还有漫长的距离，还有许多事情没有完成，或者说还可以做得更好。

也许是我的这种心态驱赶着新教育，尤其是自新教育专职团队于2006年成立以来，2006年北京年会、2007年山西运城年会、2008年浙江苍南年会、2009年江苏海门年会、2010年河北桥西年会、2011年内蒙古东胜年会、2012年山东临淄年会，每年一个主题，从儿童课程到有效课堂，从专业发展到校园文化，从中国文化到完美教室……新教育理念，是随着这一路奔走的行动，在逐渐充盈。

教育的问题如此之多，需要探索的问题也如此之多，所以我们需要不断挖掘、不断研究、不断言说。每年一个主题的关注，是新教育根据自身的发展需要制定的研究目标，也是新教育自身学术积累和话语体系形成的需要，同时还是保持新教育的学术张力与研究引领地位的需要。新教育每年一次年会，每次年会一个主题，是新教育的传统，是新教育人的庆典，这个基本的格局可以不变。

之所以会有“快”的感觉，我认为，不是我们的新教育实验走得太快，而是我们的管理和服务水平没有及时提高。如何让年会更加具有参与性和指导性？如何让曾经关注的主题不断深化、细化、实化？这才是横亘于我们面前的难题。

为此，应该充分发挥新教育的研究机构和项目小组的作用。那些通过年会形成的理论共识和操作模式，应该由这些机构进行日常维护，通过培训、展示、讲座、开放周等各种形式来巩固研究成果。今后每次年会时，可通过种种方式，比如，可以通过工作坊的形式，将新教育实验的重要项目在年会期间或者年会前后，进行充分的交流与展示，让开展了相应项目的实验区、实验学校有选择地进行研讨，增强大家的参与性，发挥大家的能动性，从而集思广益，把各个项目深度推进。

正如这位老师所建议的那样，这样的年会，可以让站在不同起跑线上的实验区与实验学校各取所需，都能找到适合自己的东西：是普通教师的，去看看儿童课程与完美教室的课程打造；是校长的，去看看校园文化；是教研组长的，去看看有效课堂；是分管领导的，去看看教师专业发展。让那些不远百里千里赶来的每一个人都有收获，而不是“看看心动，无法行动”。

这位老师真诚地建议，明年的年会“不如停下来研究如何‘推进’，看看全国各地的新教育人：一个人的，怎么在战斗；一群人的，怎么在思考；一校人的，如何在实践；而一个区域的人，又如何在集体行走”。

是的，新教育的成长，靠的是新教育人的共同努力，新教育的推进，也要靠新教育人群策群力。如何推进新教育？如何切实有效地帮助每一个区域、每一所学校、每一个人，让大家的行走更为从容？这既可以作为今后某一年年会的重要选题，也可以作为近年实验区工作会议或者新教育国际论坛的主题。

谁在真做新教育

这位老师说，新教育实验在日益壮大，每年都有很多新生力量注入。但是，如果仔细分析考察一下，究竟有多少老师真正清楚该让孩子读哪些书？他们在打造的究竟是怎样的一个班级书柜？究竟有多少老师真正会上晨诵、绘本以及整书共读，并能够正确指导读写绘？在许多新教育学校，晨诵、午读的时间从哪里来？如何整体规划安排？究竟有多少老师知道什么是有效课堂框架，真正理解框架，并用此框架在进行课堂教学？究竟有多少老师知道自己该读哪些书？以什么样的方式去读书？究竟有多少老师能保持常态的持续的写作，把每日反思当作一种习惯？究竟有多少校长真正在架构属于自己的校园文化，并带领全体师生一起活出来？究竟有多少学校在思考，如何扎实推进上面提到的各个新教育项目？——是全方位多项目一齐推进，还是寻找小切口重点突破，还是架构合理的序列，逐年逐一推进？

这位老师提出的这些问题，其实也时常在我脑海中闪现。怀大爱，做小事，是我对自己的要求。我曾经讲过，即使新教育实验什么都不做，把营造书香校园这一件事真正做好，它就已经对中国教育做出了相当的贡献。所以，当新教育研究中心把主要精力集中到罕台新教育实验小学、新教育网络师范学院等事务上之后，我们在加强地方区域新教育研究中心建设的同时，也在积极进行新项目的开发，如新阅读研究所的书目研制和萤火虫亲子共读项目等，这既是力图不断深化和拓展新教育的研究，也是希望让营造书香校园这一行动的步履更加踏实。

但是，当我走进海门、绛县、焦作、桥西等优秀新教育实验区，当我走进内蒙古、北京、石家庄等地的一所所优秀新教育实验学校，当我在抓住一切机会，与那些散布在全国各地的新教育榜样教师直接接触，走进一间间的新教育教室时，我心底的所有疑问，往往顷刻间烟消云散——

真做新教育的人们，就会有真的成长。那些实实在在认认真真行动的区、校和教师，他们所取得的进步，可圈可点，有的故事，可歌可泣！无数次，我被新教育的人与事感动、震动，情难自禁地流下热泪。走进新教育的这一路，我真实地感受到，新教育实验不仅改变了我的人生，也的确幸福了一位位教师的教育生活，真切影响了一个又一个生命。这些人，是新教育的脊梁，这些人，正以有力的行动默默地书写自己的人生传奇！

当然，全国 38 个实验区的 150 万新教育师生中，不是所有的实验区都能按照新教育的标准去做，不是所有的教师的专业发展都到了同样的高度，更不可能所有新教育的教室都是完美的，年会作为新教育的年度庆典与总结，也从相当程度上体现了这个问题。最近几年，年会规模越来越大，规格越来越高，主题展演也越来越“豪华”，来自新教育内部的善意的批评和提醒也越来越多。前不久李镇西老师也在他的博客中提出，新教育应该避免华丽的表演，回归朴素简约。

这位老师表现出同样的担心，她说：“至于年会的奢华，我以为，那更是有违新教育一贯坚持的沉静、朴素与隆重。这次遇到一位新教育好友，他说，你有没有发现一个年会后遗症：那就是凡是承办年会的，‘辉煌’过后便是沉寂，有那么几年，会没有声音，会缓不过劲来。我就想，这是为何？是原本只有七分的思考五分的行动，却做出了十分甚至十二分的呈现，所以‘透支’了？还是因为定点太高，所以再要前行举步维艰？”

这位老师的反思与追问是有道理的。应该说，每次年会对于每位承办者来说，的确都是严峻的挑战，不要说内容的呈现，就是 2000 多人吃住行等后勤的压力，就不是一件小事。而围绕年会主题的内容展现，要想紧凑、集中、完整地体现那些劳作的成果，也绝非易事。但是，我个人仍然认为，真正办好一届年会，总的来说，有助于促进区域的新教育实验发展。让我印象特别深刻的是桥西新教育实验区。桥西从 2005 年邓小梅副区长率领部分校长踏上追梦之路开始，到 2008 年真正开启新教育儿童课程，他们走过了坚定、漫长而坎坷的历程，可以说，是 2010 年的桥西年会真正让桥西的新教育深入了人心，尤其是学校文化建设方面，让许多学校脱胎换骨。所有去过桥西的人都有这样的感觉：桥西，真的变了。

至于年会以后是否会由“辉煌”变得“沉寂”，其实与年会是否“透支”并没有直接的联系。在经过紧张、忙碌甚至“拼命”的准备工作以后，短暂的休息调整是正常而且必要的。但是，成长是不可逆的。如果有些美好的事物已经融入学校和教师生命中，那是任何力量也拉不回头的。有些曾经举办过新教育年会的实验区和学校，之所以后来相对沉寂了，有许多其他的原因，最根本的原因并非因为举办年会，而是因为新教育的根，还没有真正扎在这片土壤上。

新教育不是在原来的学校教育体系之外加上一点东西，而是真正意义上的教育生活。新教育的优秀实验学校，也“不应是所有项目齐齐铺开如蜻蜓点水般轻轻拂过，而应该是真真正正地使新教育理念与校园文化高度契合，能够在某个项目上成效卓著并富有创意的学校”。

所以，我完全同意这位老师真诚的建议——新教育，要静静地做，慢慢地做，最重要的是，每天都真正快乐地做。“要允许老师们从当今畸形教育的夹缝里，抽身出来，反思自己的日子，然后站在自己能力许可的范围内，慢慢尝试，慢慢收获，慢慢坚定”。

这位老师来自经济发达地区。这些年来，新教育更多地受到农村和相对薄弱地区、薄弱学校的青睐，绝非偶然。一方面与新教育自身的公益理念和情怀有密切的关系，另一方面也与这些地区的校长和老师们急于改变教育现状的诉求有很大关系。对于许多发达地区的老师们来说，他们的确对新教育还是有一些误解，认为新教育是在原来的教育上面“叠床架屋”，认为要在原本已经繁重的工作之外，再去做新教育，这样会让他们累得喘不过气来。他们觉得，有点闲暇时间去锻炼，去陪家人，也应该是高品质生活的一部分。所以，我也完全赞成这位老师的建议：新教育要做的，是如何让他们懂得、践行新教育，不是简单做加法，不是体力的累加，而是将新教育的理念融入日常的教学生活中去，更好地提高工作效率。

我一直认为，新教育如果是不断做项目、做加法，一定走不远。如果做课程、做文化，真正地成为学校生命的一部分，成为师生生活的一部分，它才是真正扎下了根。

这种幸福完整吗

这位老师的来信还谈到另外一个重要的问题——“幸福与完整”。她告诉我：“我觉得新教育倡导‘过一种幸福完整的教育生活’，是一种极其美好的朝向。也许正是如此，我从教二十三年来，唯有接触新教育的这五年，这种作为教师的职业幸福感才尤为强烈。可是，这种幸福与完整，在我看来，是必须有前提的。”

她举了一个常丽华老师的例子。年会前常老师在学校排练《绿野仙踪》，恰巧家里女儿高烧，爷爷奶奶坐了好几个小时的车赶到孙女家里为她做饭，午饭后又坐车回去了。常老师在微博里说自己已经好几年没有好好去看看自己的父母了，每每想起，便泪流不止。再譬如寒暑假时，几乎所有老师都在家休养调整，可罕台的老师们却放弃了休息，在给孩子们补课。这位老师说，她们觉得常老师他们的生活是“非常态的，不是一般人可以接受的”，她感慨地说：“每一个老师，都是最普通的常人、凡人。家，是最基本的需要。上有老要照顾，下有小要哺育，还有爱人需要疼爱，家务需要整理，平时与朋友吃个饭逛个街，放假了出个门散散心，也都是一个常态生命的必需。可是，他们都没有。”

这位老师真挚地说：“我对他们肃然起敬。这种发自内心的敬重甚至到了无限心疼的地步。他们，才是真正在做教育的中国教师。我知道，他们被那么多的目光关注着，他们不得不这样做；他们更被自己的理想激励着，他们心甘情愿这样做。他们期望以自己日复一日的付出，来证明如何让一朵花盛开。”

“但是，朱老师，新教育倘若真的要走进每一个普通教育人的心里，那么，它一定是有前提的，那就是，在守住‘家’的基础上，才可以去坚守一间教室。

“试问，一个连自己的孩子都疼爱不了的母亲，如何去疼爱别人的孩子？一个连自己的身体都照顾不好的人，又如何去照顾一个班的孩子？”

是的，我完全同意这位老师的观点。新教育的幸福与完整，一定不只在“教室”里，一定还包括在“家”里。“家”的幸福与“教室”的幸福兼而有之的幸福，才是完整的幸福。新教育的榜样教师，不应该是牺牲了健康，牺牲了家庭，而坚守在教室里的那些老师，而应该是身心健康，热爱生活，既能做称职的父亲、母亲、爱人、儿子、女儿，又是个好老师的人。

新教育倡导的幸福完整的教育生活，给许多老师带来了职业的尊严与幸福感，一大批老师的激情被点燃，成为教育的追梦人。但是，不仅这位老师，还有很多人都跟我说过，干国祥、马玲、常丽华老师，甚至新教育的榜样教师飓风大姐、桃花仙子等新教育教师在让所有的人“肃然起敬”的同时，也让更多的人“望而却步”，觉得无法效仿。

无法效仿的榜样，就失去了榜样的意义，就意味着并非榜样。那么，这些新教育榜样，真的无法效仿吗？

大家熟知的常丽华老师，每天用诗词开启新的一天、每天给学生家长写一张便笺、每周写一封长长的家长信、每天记录自己的教育生活、每学期排练一个童话剧，还开发了诸如在农历的天空下等颇具特色的课程……这些事，需要投入多少精力与时间，是难以想象的。

还有大家并不完全了解干国祥、马玲等老师在内蒙古罕台新教育实验小学的状况：初去时在友校借居近一年半，每天两次供水，时常停电，统一在食堂就餐；后来搬迁到自己的学校里，环境有所改善，但不可能改变的大环境仍有很多，比如气候的干燥、严寒，学生基本没接受过正常的学前教育，甚至存在反教育的大背景……新教育研究中心驻扎在这样的沙漠边陲小镇上，扎根于一间间教室中，继续进行探索、实践。他们为此付出的，恐怕一般人都难以想象。

也曾有人说，新教育是“一群傻子跟着一个疯子”。因为我自己每天早晨5点左右开始工作、阅读、写作，进行新父母晨诵，与一线老师交流……只有这样，才能圆满完成繁忙的日常行政工作，又开辟出新教育的田园。

透支生命做事，并不值得提倡，当然也不是榜样。但在精力许可的范围内，一个人将时间用在哪里，却完全是自己的自由，当我们完全实现自己这一点自由意愿时，也就有了真切的幸福感。比如，有的人觉得睡懒觉幸福，可我哪天要是睡了懒觉，就会痛感浪费了时光，只觉得满心愧疚、浑身不自在，又哪有幸福可言？

其实，这个世界上，真正的天才少之又少。新教育人不是金身铁骨，这些让大家感觉似乎“敬而远之”的新教育榜样教师也都是普通的人，有七情六欲、有家庭生活、有喜怒哀乐、有酸甜苦辣。榜样与非榜样，其实本质完全一样，都是普通人。

但我们可以说：一般教师，是依然沉睡着的生命，而榜样教师是苏醒过来的生命。这种生命的苏醒和生命的透支，外表有点类似，实质却截然不同。正是因为这种苏醒，才让榜样教师们有了清醒的抉择：在旅游与共读间，他们并不排斥旅游，但他们认为共读能够得到更宁静深邃的幸福；在与亲人团聚和为学生付出间，他们当然同样思念亲人，可在得到亲人理解之后，他们选择了付出，如同蜘蛛夏洛般，去为更弱小的生命编织那张幸福的网……一分耕耘，一分收获，每个人的时间最后用在哪里，是能看见的。因为不同的选择，而有了不同的收获，榜样才成了榜样。我们更多的人是通过看见榜样的选择与收获，意识到生命可以无限地接近某个境界，看到生命还具有无限的潜能、无穷的可能。

所以，在这个解构英雄的时代，我们讨论向榜样学习，选择学习什么非常重要。每个人都不完美，榜样也有自身缺陷。学习新教育的榜样教师，不是照搬照抄他们的日常生活方式，而是学习他们执着的人生态度和认真的工作精神，让自身的创造力得以最大程度的发挥，最终让自己的生命也绽放如花，向世界宣告自己存在的意义与价值。如此，在辛勤劳作后诗意地栖居于大地之上，当然就是完整的幸福。

在路上是最美的姿态

事非经过不知难。这位老师多年与新教育风雨兼程。她也感叹地说："新教育这一路走来，真的不容易。她不局限于关注教育改革的某个领域，而是真正把触角伸向了学校教育的各个角落，这种勇气，非一般教育实验所有。"

是的，新教育一开始就以改造中国的教育为己任，就没有把一种方法、一门课程、一个领域作为自己的目标，而是站在更加广阔的视野上重新审视我们的学校教育，乃至整个教育。所以，这也注定了新教育还有漫长的道路要走，也注定了要吸引更多的老师与新教育一路同行。新教育如何展示自己"真实而亲切"的形象，如何更加贴近一线老师的生活，如何让中国的老师和孩子们感觉温暖，是我们必须认真思考和用心面对的重要问题。

这位老师在信的结尾写了这样一段话：

> 亲爱的朱老师，当新教育站在又一个十年的路口的时候，可否把已经走过的日子再重新走一遍，直到感觉自己的脚步够踏实，直到大多数的实验人都能跟上前行的速度，直到让更多新教育的冷眼旁观者，目光渐渐柔和。
>
> 如果，每一个新教育人，因为新教育，他们更热爱生命了，更善于生活了，更能给工作注入思考与活力了，那么，这才是真正的幸福与完整。
>
> 相信终有一天，会有很多很多的中国人微笑着对我们说："是的，你们是对的！"

这是一个普通的新教育人对新教育的一个期待，也是她对新教育的一份信任。新教育如何面对自己的下一个十年？这不仅是新教育理事会和新教育研究机构需要思考的问题，也是每一个新教育人应该思考的问题。

把过去的十年再走一遍，当然是不可能的了。但是，温故知新是必要的，巩固既有的项目成果更是必要的。所以，新教育的研发团队、培训团队需要进一步完善，需要根据不同区域、不同学校、不同教师的需求，进行相应的指导和服务。适当放缓自己的脚步，也是需要的。让我们的灵魂能够跟随我们的脚步，让已经相对成熟的项目真正课程化、生活化，真正融入学校的日常生活中去，让一线的老师更加从容、更有效率地做新教育，是我们在下一个十年必须更加努力去做的事。

写到这里，我想起了不久前在山东临淄召开的2012年新教育年会上，华严集团董事局主席徐锋先生即席发言中对于新教育的期待——

> 我们今天的新教育，就是要“修复”延续了2000多年的儒家的道统教育，就是要回归源头，回归传统。新教育的花朵，一定是道统教育凤凰涅槃之后所绽开的带有中华文明胎记的花朵，在新教育所缔造的完美教室里，我已经闻到了这种花朵的芬芳。
>
> 至于这种花的形状和色彩，我无法描绘。我甚至猜测，正在积极从事新教育事业的实践者，目前也难于作出令人信服的回答。
>
> 但这无关紧要。或者说，这恰恰是新教育的魅力所在。当全中国每一个省、每一个县，所有的教室都变成“小蚂蚁”“小溪流”教室，这个问题就不需要回答了，新教育也就不再是草根运动，它会变成政府行为和国家意志。到那时，新教育也就要改名了，改名为“中国教育”。
>
> 为了这一天的到来，我们还要努力，还要坚持，还需要更多的人参与进来，继续相信种子，相信岁月，继续付出青春、汗水和生命。

十年，这是新教育成长的十年，也是我成长的十年。十年来，我的心灵被这场新教育的风暴席卷，被热血反复淘洗着。因为一念之缘，诞生了新教育，而这也最终改变了我的人生。无数双关注的眼睛、无数声担忧的叮咛，让我和我们的团队感觉到肩上的担子分量沉重。

直至今天，我仍会在别人说我辛苦时笑答“我不是辛苦，是命苦”，我也会在极度疲累时叹声“我是被新教育绑架了”……但是，在每一个群星与孤灯为伴的黎明，我坐在书桌前，总是精神百倍。无论当初是命运选择了我，还是我决定了命运，新教育的旅程已经曲折绵延了十年之久。

十年中，我们一路行走，一路收获。与其说我们收获了成绩，不如说我们收获着希望；与其说我们收获过荣誉，不如说我们收获着信任。是徐锋先生，是这位普通的新教育老师，以及无数新教育人之间的激励与鼓舞，让我、让我们能真切地感受到自己正生活在美好事物的中心，并从中汲取着不竭的动力，让我们始终充满着信心。今天，我们也将怀着这样的心情，更加坚实地走好新教育新十年的新征程。相信十年以后，我们会给徐锋先生，给这位普通的新教育老师，给所有期待和信任新教育的朋友们交上一份满意的答卷。

同是那个北京罕见暴雨的夜晚，新教育亲子研究中心的童喜喜也发来短信，主题也与那场大雨和新教育有关："十年风雨仍苍茫。心有梦，自昂扬。水天一色间，虎增双翼，任君翱翔。萦绕萤火微光。"

我仍以打油诗回答，信手涂鸦，却是心声："十年辛苦不寻常。甘苦知，未彷徨。征途不平坦，何惧黑暗？萤光烛照，那方充满明亮。"

新的十年，让我们共同奔赴明亮那方，用脚印记录我们的故事——最美的新教育，就在路上！

向没被污染的远方重新出发

——2013 年新年致新教育同仁

亲爱的新教育同仁：

此时此刻，我们已并肩站在 2013 年的门口，携手站在新教育第十一年的开端。

是的，新教育已经诞生了十年。对任何人来说，十年都不是一段短暂的时光。可以长叹十年一觉苏州梦，也可以长呼一声：大梦谁先觉？

幸运的是，我们是后者。

十年的耕耘，我们用或多或少却无愧于心的劳作，让新教育的花朵，在大地上绽放；十年的行走，我们用弯弯曲曲却一路向前的脚印，把新教育这三个字，印在了大地之上。

大江南北，寒来暑往。这十年，我在祖国各地，见过无数天真的新教育孩子，见过无数质朴的新教育老师，见过无数勤勉的新教育工作者。无论是久别的故交还是初遇的新朋，因为新教育，我们每每一见如故。大家纷纷介绍自己的新教育生涯，诉说新教育带给自己的成长。

其实，从新教育中得到最大成长的，应该是我。是新教育，让我能一直触摸到这片大地跳动的脉搏，让我感受到民间智慧的博大精深，让我惊叹着生命苏醒的蓬勃力量。三人行，必有我师。行走于新教育的这一路，与 160 万新教育师生同行，我向我的新教育老师们一路学习着。亦师亦友，且歌且行，与大家一起继续走下去。

我们是行者，因为我们相信着。我们相信种子，相信岁月，我们相信行动的力量。我们点亮自己，照亮他人，我们相信理想的光芒。

因为信，新教育在以令人难以置信的速度发展。从 2005 年秋正式启动时的第一所新教育实验学校挂牌，到一年后的研讨会上全国各地汇聚而来的 500 参会实验者，到十年之际的 38 个实验区、1500 多所实验学校、10 万实验教师、150 万实验学生，这是一个从规模而言，在全世界都堪称佼佼者的教育实验。

但是，与其说这是新教育的魅力，不如说这是相信的传奇。

生活永不完美，教育总有难题。有人抱怨，有人放弃，但总有一些人，会相信自己的双手能够擦亮星星。这样的一群人，终会默默提起水桶，举起抹布……最后，他们发现被擦亮的星星是自己，他们发现普通的生命也有微光，也在照亮世界。他们发现众人点点微光汇聚，也能书写出新的传奇。只是，这一次故事的名称，叫——新教育。

所以，我们宁静而庄重地度过了新教育十周岁。在十周岁的这一年，新教育没有举办任何额外的仪式。年会、开放周、国际论坛、成百上千所学校、成千上万间教室……我们在不同的地点，用最日常最朴素的教育生活，去创造着完整的幸福，这就是我们最美好的庆典。我们更是反复研讨，冷静反思，提出：十年新教育，重新出发。

这十年，我与大家一样，灵魂被理想的激情燃烧，心灵被行动的热血淘洗，新教育，已经完全改变了我的人生。无数双眼睛的关注，无数声担忧的叮咛，无数句诚挚的祝福，我们能够感受到肩头担子的重量。我们不停叩问自己：对我们自己，对这个世界，我们想做些什么？应做些什么？已做了什么？能做些什么？我们因什么而来？我们为什么而行？我们要去往哪里？

是啊，重新出发，我们要去往哪里？我想，正如诗句所言：

> 只凭一个简单的信号
> 集合起星星、紫云英和蝈蝈的队伍
> 向没有被污染的远方
> 出发
> 心也许很小很小
> 世界却很大很大

是的，我们要重新出发，要继续走这条路。延续之前的行走，继续踩出一条新的路。这，是心之路。

我们要回顾内心，回到自身。当我们回到心的原点，那里是距离成年已经遥远的远方，那里是童心从未被污染过的圣地。在那里，梦想的种子不断悄然落地，始终欢喜成长，最终结出的果实，叫理想。

当然，理想在现实中再度扎根，并不容易。当仰望星空的我们环顾四周，总不免为尘埃叹息。在缺乏信仰、丧失诚信的喧嚣日渐蒙蔽我们的双眼，当拜金大潮、浮世虚名拼力裹挟我们前行时，我们还能信什么？

信自己。相信生命的力量，相信真理的力量，把所思所想一一践行。活出一个真实的自己，活成一个美好的自己。不断追寻，永不放弃。如此，世界就因为自己，真实美好了一分。

或许，信自己，才是信的真谛。

因为我们信自己，我们才会听到那一个简单的信号，那是一句简洁的话：过一种幸福完整的教育生活。

在这时光洪流中的一瞬，在这崭新的黎明里，在这新一年的第一天，在新教育第十一年的开端，亲爱的新教育同仁，让我们集合起这支星星、紫云英和蝈蝈的队伍，向着没有被污染的远方，出发吧！让我们信自己，相信一个个“我”就能汇聚为我们，相信“世界也许很小很小，心的领域很大很大”！

您的同行者：朱永新

写于2013年的第一个黎明

高扬起信念之帆远航

——2013年教师节致新教育同仁

亲爱的新教育老师们：

日子过得好快啊，又是一年教师节。

如果没有教师节，今天或许是平淡而平常的一天。但“教师节”这三个字，让这一天在我的心中，闪闪发光。

如果没有你们，我的新教育同仁，今天或许也不会是一个令我感慨万千的日子。众所周知，中国教育迎接着时代的挑战，问题重重。但因为你们，我对这场教育的突围，始终充满信心。

因为，我一直能够看见你们，在今天之外的更多时刻。

在那激情点燃的火热黎明，在那无法安睡的求索深夜，在那周遭喧嚣而内心宁静的一刻，在所有那些远离了节日光环的平凡琐屑的日子里，甚至在那些似乎与教育教学无关的柴米油盐里，我始终能够看见你们。

城乡的失衡，择校的狂热，考分的高压……是的，我知道，我们教育直面的现实，其实波浪汹涌，甚至暗礁重重。你们身处教育一线，就像一艘艘小船在茫茫大海中踽踽而行。我能看见那小小的船帆，既被海风鼓舞，也被风暴撕扯。

然而，我看见你们在早晨，吟诵着各自的诗歌。你们借纪伯伦之口询问：一粒珍珠是痛苦围绕着一粒沙子所建造起来的庙宇，是什么愿望围绕着什么样的沙粒，建造起我们的躯体呢？你们借泰戈尔之语自省——我要唱的歌，直到今天还没有唱出。每天我在乐器上调理弦索。时间还没有到来，歌词也未曾填好：只有愿望的痛苦在我心中……

我看见你们默默耕耘，坚守于各自的教室。在每个晚上，你们自言自语般暮省着，记录下这一天的点点滴滴：某位学生的父母终于开始对亲子共读入迷，教室里增添的绿色植物，哪个学生的身上又出现了新的问题，正在开展的课程还存在的疏漏……

就这样，因为网络时代的便利，因为从未停止的行走，我得以通过各种途径看见你们。我看到你们或哭或笑，有哭有笑，却以那颗坚固而不坚硬的心，始终坚定地前行着，从现实的此岸，执着航向理想的彼岸。

是这样，你们孜孜不倦地行动着。每个人都是自己心灵的建造者，有怎样的心灵，就有怎样的人生。最高贵的心灵，应该是最坚固的。每个人都会遭遇各种各样的困境、磨难和挑战，脆弱的心往往经不起轻微一击，而坚固的心则能够从容应对。于是，你们不仅是教育着孩子，更是建造着自己的心灵。

我热切地看着你们，无论你们在塞北大漠，还是在江南水乡；在偏远乡间，还是在繁华都市，我看见你们在阅读，在求索，在成长。一位位教师，犹如一艘艘教育的小船，载满了孩子，满载着梦想，坚定地航行。

是你们这样的坚守和坚定，让我对自己，对新教育，对中国的教育永远充满着信心。我们无限相信教育的力量，也正是这种最根本的信心、信任、信念，乃至信仰，才会让我们像汪洋中的那条小船，在嘈杂中拥有宁静，在怒海上找到方向，在风雨里扬帆远航。

从你们身上，我也看到了自己。我为自己是教师，是新教育人，而倍感自豪，我因自己是你们中的一员，而不敢懈怠。

亲爱的新教育同仁，让我们继续前行吧！

教育，是被信念之帆鼓舞的远航，是通向明天的航程。一个个日子是一页页纸，书写着我们的人生。在这段艰难的征途中，只有“信”，才能让我们屡被痛苦打磨的灵魂之上，绵延生长出不绝的希望。在这片广袤的土地上，让我们信教育、行教育，让我们继续努力，以此再建一个诚信的社会、美好的世界——这，正是国人共同的梦想！

你的同行者：朱永新

2013 年教师节前夕

每朵乌云背后都有阳光

——2014年新年致新教育同仁

亲爱的新教育同仁：

时光正在以不变的步伐从容前行，我们跟随着时光来到了又一年的关口。面对崭新的2014年，我们准备好了吗？

这一年来，和大家一样，我也在新教育的路上继续行走。和往年一样，这365天一天天地走过，我也一天天地收获着感动。

7月的新教育萧山年会，11月的新教育国际论坛，更有全国各地新教育实验区几乎全年无间断举行的开放周……在一个个不同的场合下，我看到那些埋首教室潜心耕耘的新教育教师，那些幼吾幼及人之幼的新教育父母，那些满怀理想又脚踏实地的新教育管理者，当然，我更能看到那些成长中的孩子，他们欢笑着，勇敢地向前奔跑……

这动人的一幕幕，一次又一次地让我笑容满面，让我热泪盈眶。

我越来越清晰地感到，我心中萌动的希望，那对新教育的希望、对中国教育的希望，那希望的幼苗，正是由于扎根在这现实的大地之上，由这些感动来滋养，才日复一日地愈发茁壮！

银蛇曼舞恋安泰，骏马驰骋逐春来。我相信，2014年，注定是一个不平凡的年份。因为，在刚刚结束的十八届三中全会通过的决定中，关于教育的723字表述里，有着自十一届三中全会以来前所未有的深度、广度与力度。

近些天，我也连续写下了好几篇文章，展望着教育的未来。我关注这新的一年里，立德树人，有无新的举措？教育公平，有无大的进展？民间财智，能否受到重视？慕课浪潮，能否席卷大学？减负困局，能否有效突围？就业难题，有无破解之道？高中教育，能否创新变革？高考改革，能否如愿试水？

这些问题，其实也是我对中国教育的期待和希望。而希望，永远在我们自己身上。

我一直相信，教育可以改变世界，但这个改变，不是从改变社会、改变别人开始，而是从改变自己开始。当我们真正改变了自己，让自己不断变得美好，就必然影响、改变着别人，事实上也就已经在改变社会。我们永远不应该把希望寄托在别人身上、寄托到外部环境上。

亲爱的新教育同仁，真正的希望，就是理想。路是自己走出来的。在不理想的境况面前，只有坚持行走，才有可能走出一条路。如果因为害怕碰壁而裹足不前，就只能在家面壁，就永远没有机会。碰壁并不可怕，可怕的是我们在心中给自己建筑起一堵高墙，成为面壁先生。只要上路，就有希望，就有各种可能。怀着这样的希望上路，就是把理想装进了行囊，把动力装进了心中。

亲爱的新教育同仁，希望的最高境界，是志向。志向是已经被现实磨砺过的理想，也就是最为从容坚定的希望。它就像一轮明月，或许会随着境遇时有圆缺，但是，越在黑暗的夜里，越会发出宁静圣洁的光芒，指引着我们前行的方向。在志向的光芒下，越是崎岖的山路，越是人迹稀少的小径，越是风光无限。

亲爱的新教育同仁，新教育实验就这样满怀希望地一路走来，成为我们共同的理想，更是一道指引我们人生的志向之光。我们为此汇聚着，截至 2013 年，已经有 42 个实验区、1800 多所学校和 200 余万师生参与实验。

在越来越多的人用星火燎原来形容我们的实验时，我则想用新教育人常说的另一句话，来形容我们自己：心为火种。

心为火种，所以，只要我们愿意，我们的生命一定能够绽放光芒。这火光，将随着我们心脏的每一次跳动而明亮，而温暖；这火光，当我们聚集在一起时，它是如此蓬勃而灿烂；当我们分散在各地时，也同样平静而有力。只要活着，火种就不会熄灭。这火种，就是希望。

我们永远不可能攀上比我们的希望更高的山峰。我们对明天的希望，决定了今天的行动。如诗人说的，每朵乌云背后都有阳光。那么，在我们每次遭遇的雾霾背后，蓝天其实一直存在。

希望，就是阳光，就是蓝天。当我们深信希望的永恒存在，把希望变成理想去坚守，把理想作为志向去践行，我们就能过一种幸福完整的教育生活。

亲爱的新教育同仁，新的一年，让我们热切地拥抱希望吧，让我们把心中的希望之火，燃烧得旺一点，再旺一点，更旺一点！在教育之道上，我庆幸这一生能与大家为伍，在新的一年，让我们继续坚定行走在路上！

你的同行者：朱永新

2013年12月31日于北京滴石斋

每一个明天都用希望铸就

——2014年教师节致新教育同仁

亲爱的新教育同仁：

9月10日，到了。我们共同的节日，又到了。

每个教师节，都让我尤感自豪，因为我这一生，与教育是如此有缘：童年，有着身为小学教师的父亲给我无声的影响；大学，不仅所学专业是教育，而且毕业之刻就是留校任教之时；工作，从大学校园意外走进政府机关，但是所负责的工作范围，从未离开过教育……甚至就连教师节确定的这个日子，都与我所在的中国民主促进会的倡导密切相关。

今年，是第30个教师节。今年，也是新教育实验萌生的第15个年头。从一种纯粹的教育思想，到一种稚嫩的教育行动，到如今，新教育实验正值青春年少。

是谁让青春的热血，蓬勃为耕耘的力量？是你们，我亲爱的新教育同仁！

我当然知道，现实中，教育置身于一个不尽如人意的大环境中。中国教育正和这个转型的时代一起，不仅面临着未来的挑战，也面临着千年积习的沉疴。

但是，我看见你们在艰辛劳作的同时，也在尽情地歌唱。你们在用行动告诉我：乐观是一种心态，其实与境遇无关。是这种乐观的心态，让你们艰辛地创造着幸福，也痛快地享受着幸福，同时于无声之中，将这幸福的种子播撒到了更多孩子、更多父母、更多同事的心间。

是谁让年少的痴狂，沉淀为坚定的志向？是你们，我亲爱的新教育同仁！

所有狂热的梦想，都会遭遇现实的冰冷。但是，经历了挫折，你们没有沉沦。我看见你们捧起了书籍，在心灵里继续播下希望的种子，在教室里继续绽放梦想的花朵。我看见你们坚持行走，用心探索，永不放弃。宁肯碰壁也不面壁，宁肯在路上双脚泥泞，也不肯在心中垒起高墙逃避生活。

当然，处于青春期的新教育实验，也同样有着发展到青春时的阵痛。作为民间公益组织，缺钱、缺人等诸多困难，以及因为这诸多困难而日积月累形成的种种问题，来自内部的抱怨和来自外部的批评一直如影随形地伴随着我们。

我们不用青春的理由来搪塞，我们也不因任何杂音而彷徨。那些真诚的建议乃至批判，我们始终视为最宝贵的财富。当一线老师给我发来5000字的谏言，而我回以9000余字的长信时；当新教育研究院严格推行各项规章制度，为此反复沟通、全力协调时……或许，这些努力并不能每一次都取得圆满的成效，但我们必须全力以赴地努力，因为我们对明天怀着热切的希望。

戴尔·卡耐基指出，无论是战争年代还是和平时期，积极的思维和消极的思维的最大区别在于：积极的思维考虑的是事情的因果关系，从而得出合乎逻辑的、建设性的计划；而消极的思维往往会导致心理紧张和精神崩溃。显然，希望既是积极思维本身，也会引发更多积极的思维。

我们对明天怀着热切的希望，因为每一个明天都是由希望铸就。那些绝望者，止步于今天，留在了昨天，而无法拥有明天。

我们更知道，希望是颁发给努力者的奖品，努力是实现希望的唯一路径。所以，不努力的人，与希望无缘。希望，如果不去努力，就会收获绝望。

教育，正是一项播种希望的事业，教师，理应是满怀希望的人。

亲爱的新教育同仁，让我们继续前行，把更多希望播种在自己心中，把更大努力扎根于自己身上吧。有希望就有道路，让我们扎扎实实地探索，在这条希望之路上，欣赏教育的无尽风光！

教师节快乐！

你们的同行者：朱永新

2014年9月9日晚于北京滴石斋

爱教育就是爱自己

——2015年新年致新教育同仁

亲爱的新教育同仁：

2015年的钟声敲响了。岁月的年轮刚刚又画上了一个圆。

辞旧迎新的时刻，也是温故而知新的时刻。回忆过去的一年，不是一些宏大的、激动人心的数据鼓舞着我，而是一些琐碎的片段，让我感到持久的温暖。

我想起一个新教育的孩子。刚走进小学半年，天真的孩子告诉我，他最喜欢上学和小朋友一起读书，他最喜欢的人是妈妈、老师、爸爸。他的妈妈在一旁含泪笑着解释：因为孩子患有一种先天疾病，加上父母不懂正确的教育理念，此前的家庭教育恶化了孩子的病情，是老师半年中的帮助，不仅改变了孩子，整个家庭也随之改变了……

我想起一位新教育的教师。她是新教育个体户，单枪匹马在教室里开展实验项目。她说，我不是为了其他人在做新教育，我是为了我自己，尽管我的孩子已经读大学了，可我从这样的教育中体会到自己和学生一起成长，这让我觉得特别幸福……

我想起一位新教育的校长。他所在的县城初中是当地生源最差的学校，从建校之初践行新教育已近6年，各项考核指标全面超越其他学校。他说，比分数更重要的是，我们全校师生的幸福感更是远远高出其他学校……

我想起一位教育局局长。他说，他考察了近一年，感到新教育充满理想、饱含人性、面向平民、促进幸福，既有理论引领又有具体操作指导，这些特点强烈吸引着他和他的团队……

是什么让这些人品尝到了教育的完整和幸福？是因为新教育实验吗？

我想，或许更本质的一点，是因为爱。

这种爱，是对生命的珍惜，对自我的珍重。这种珍惜与珍重，转变为对教育的渴望，最终体现为对新教育的热爱——因自爱而自强，而努力追寻；通过自我教育，改变了自己；通过美好自己，最终美好了世界。

爱教育，就是爱自己的最好方式，就是爱世界的最佳办法。

因为爱教育，才走到了探索好教育的路上，我们才在新教育里相遇，我们才共同创造出新教育，我们才共同拥有了新教育。

因此，在过去的一年中，我们和以往每一年一样，既沐浴着阳光，也经历过风雨。我们始终坚持“行动，就有收获”的信条，无论顺境还是逆境，我们的耕耘从未懈怠。

因此，尽管我们努力控制实验的规模，可仍然发展到 49 个实验区、2240 多所实验学校、230 余万师生组成的一个追寻教育理想的大团队。

因此，尽管我们并不曾刻意去追寻，可我们已经引起国外学术界的关注，新教育理论著作已经被翻译为英、日、韩、阿拉伯等文字。2014 年，新教育实验入围卡塔尔基金会评选的 WISE 教育项目奖（WISE Awards）15 强，是年度中国唯一入围的项目。

回顾成绩，并不是为了炫耀收获的果实，而是为了盘点劳作的经验，从而能够更好地享受劳作的过程。因为人生的幸福在过程之中，而不在终点之处。

那么，什么是我们值得带入新一年的经验呢？

在新年的开端，让我们把这个最简单也最美好的字，带入新的一年吧：爱。

热爱每一个到来的日子，热爱每一个相遇的人。让我们在新教育中探索最美好的教育，让我们在新教育中进行最好的自我教育，用 2015 年的百花，酿造出新一年的蜜糖，让我们继续行动！

你的同行者：朱永新

2014 年 12 月 31 日于北京滴石斋

爱是教育的火焰

——2015年教师节的信

亲爱的新教育同仁：

对我而言，教师节是比元旦、春节更让我感觉亲近的节日，而今年教师节的热度又格外不同。因为就在半个月之前，我梳理、写作、打磨整整两年的新著《致教师》刚刚出版。这是在繁忙的本职工作之余，我挤出时间回答一线教师的问题，将那些有代表性的问题编撰而成的一本书。最近这几天，我的媒体朋友们、教师朋友们正在围绕这本《致教师》和我密切交流着。许多人会问同一个问题：为什么会写这本书?

答案其实很简单，就一个字：爱。

我发起新教育实验，是因为对这片土地、对教育的爱。新教育实验能够点燃一群又一群人的心灵，是因为新教育实验是以教师发展为起点、是对教师的爱。因为这种爱，我有太多话致教师。

爱对于教育的价值和意义，无数教育家都以各自的角度解剖过，分析过，描述过。如夏丏尊先生形容教育里的爱，就像池塘里的水：没有水就没有池塘，没有爱就没有教育。身为作家的列夫·托尔斯泰也说："如果老师只爱事业，那他会成为一个好教师。如果教师只像父母那样爱学生，那他会比那种通晓课本，但既不爱事业，又不爱学生的教师好。如果教师既爱事业，又爱学生，那他是一个完美的教师。"我想，无论爱事业、爱学生、还是既爱事业又爱学生，对于教育来说，爱就是火焰。缺少爱的教育，有再多的知识，也只能像星光一样璀璨却遥远，无法像火焰一样温暖人。

所以，亲爱的新教育同仁，我看见在你们身上，爱的火焰正在熊熊燃烧——

这种爱，以理解为核心。无论对于人还是事，只有深刻而真诚的理解，才能产生持久而坚定的爱。如果缺少对教育的真正认识，缺少对学生的根本信任，爱就很容易昙花一现，很容易在现实的挫折中败下阵来。因此，我们只有深刻理解新教育的理念，才能如此并肩前行着。

这种爱，以尊重为前提。无论是对学生的尊重、对生命的尊重，还是对教学规律、对知识本身的尊重。因为有了尊重，才能真正留出成长的空间。也是因为尊重，我们才能够百花齐放，成全不同师生的不同美丽。

这种爱，以智慧为燃料。爱是激情，可以一触即发，而一团火焰要想持久地燃烧，必须要有足够的燃料。智慧让我们以理性的心，控制着火苗的大小和强弱。所以，我们呼唤着张弛有度，我们提倡着科学思维，我们不断学习着，以更多的侧面思考，以更好的方式落实。

这种爱，以宽容为润滑。人形形色色，事万万千千，人生没有标准答案。再多的情感和再足的理性，也无法确保我们遭遇的每一个人、我们所做的每一件事，都不犯错误。因此，我们尽可能严格要求自己的同时，也要足够多地宽容他人，这样才能让爱的齿轮不被错误磨损。

这种爱，以行动为基石。我们一直强调行动，行动既在表达爱，也在增加爱。爱的行动，是一种力的双向作用。所以我们把满腔的爱，用到日常生活的一言一行之中，所以我们才欣慰地看见，我们的生活日复一日地更加美好，我们的梦想日复一日地更加坚固。

亲爱的新教育同仁，正是因为有了你们爱的教育之火，新教育实验的星星之火才得以点亮在祖国的大江南北。正是这种对教育的爱，让我们的教育生活，让我们的整个人生，散发出不一样的温暖和光彩！

而教育，就是将温暖与光明传达给他人的行动。让我们继续进行这场火焰的接力吧，让我们努力把温暖与光明传给更多人，让我们共同努力！

衷心祝福教师节快乐！

你们的同行者：朱永新

2015 年 9 月 10 日凌晨写于北京滴石斋

学力就是创造力

——2016年新年致新教育同仁

亲爱的新教育同仁：

新的一年又如期而至。往年写新年信，还会有一段时间的斟酌，不知道为什么，今年在准备给大家写这封新年信的时候，标题一下就跳了出来——学力就是创造力！

或许，这个标题的出现，与我刚刚看到的一则新闻有关。

不久前，李嘉诚出巨资推动成立了广东以色列理工学院。87岁的李嘉诚在奠基仪式上说："创新力是无法模压的。"希望大家能够"让今天成为明天奇迹的开始"。

作为亚洲首富，李嘉诚的人生就是一个奇迹。他的奇迹是如何开始的呢？曾经有外商问过李嘉诚类似的问题。李嘉诚的回答是："靠学习，不断地学习。"

酷爱学习的李嘉诚有着动人的读书故事。早在青年打工期间，他就坚持"抢学"。事业有成之后，他又聘私人教师求学，每天早晨7：30上课之后再上班。每晚睡前更是他自学的时间，因为读书太入迷不小心会读到凌晨，他常常定上闹钟，不是提醒自己起床，而是提醒自己睡觉。

所以李嘉诚说："在知识经济的时代里，如果你有资金，但缺乏知识，没有最新的讯息，无论在何种行业，你越拼搏，失败的可能性越大；但是你有知识，没有资金的话，小小的付出就能够有回报，并且很有可能达到成功。现在跟数十年前相比，知识和资金在通往成功的道路上所起的作用完全不同。"

对于经商，学习尚且如此重要，成为首富，还如此坚持学习，而教育本身就是学习，教师自己就应是榜样，学习不更应该是不可或缺的吗？

或许，这个标题的出现，也与我最近对于未来教育与学校的思考有关。

其实，在人类的早期，教育与学习几乎是同一个概念。那时没有专门的教导和哺育，人们在生产生活实践中，一边行动着，一边向前辈学习行动所需掌握的知识与技能。即使是有了专门的教育机构以后，学习仍然是教育最重要的内容，而现在，教育最重要的任务以及衡量教育成败的重要标准，是帮助学生形成学习的兴趣、能力和习惯。

2000 多年前，孔老夫子曾经发出过“学而时习之，不亦乐乎”的感慨。随着互联网时代的到来，他的感慨将成为新时代网络居民的生活方式。未来的学生完全可能是在家里学习，在图书馆学习，通过网络来学习，通过团队来学习，自己来解决学习过程中的大部分问题。未来的学生一人一张课表，不必按部就班地学习各门课程，而是基于个人兴趣和解决问题的需要而进行自主性学习，从而建构自己的个性化的知识体系。

在未来的社会，学力将比学历更重要。对于学生来说如此，对于我们自己来说不也是如此吗？学历只证明着过去，学力才意味着未来。美国教育界流行一句话：“如果你不能比谷歌带给学生更多知识，你还有什么作用？”这句话值得我们深思。如果我们不能够成为一个善于学习的人，我们不仅会被我们的学生抛弃，也会被时代淘汰。

幸运的是，时代给我们提供了许多学习和成长的机会。无论是网络上的慕课学习，还是传统的阅读自学，甚至许多正规大学也开设了网络课程，学习之后可以积累学分……总而言之，一个真正有志于学习的人，尤其是一位真正有志于学习的教师，肯定能够走出一条适合自己的学习之路，从而走上一条风景最美好的人生之路。

最让我自豪的是，亲爱的新教育同仁，在许许多多场合里，我都曾听过这样的评价：“参加新教育实验的老师，最大的特点就是充满激情，热爱学习！”最让我开心的是，从 2005 年以来，每年《中国教育报》评选的推动阅读十大人物中，总有我们新教育人的身影，新教育人是一群酷爱学习的人！

是的，新教育实验，是我和大家在共同创造的伟大事业。真正的创造，不是闭门造车，不是拍拍脑袋想几个新鲜词，而是广泛汲取前人的智慧，应对今天的挑战。正如陶西平先生所说：“新教育的‘新’到底新在什么地方？……不是除旧布新的新，而是推陈出新的新。”没有良好的学习，就不可能有真正的创造，没有丰沛的学力，就不可能有蓬勃的创造力。

因此，新教育实验的探索之路，也是我和大家共同的学习之路。

尤其在刚刚过去的一年，我在连续 6 年担任新教育实验网络师范学院的院长之外，又亲自在里面开设了“新教育通识课”，每个月都要和学员们共同探讨、学习。这些学员基本都是老师，大家来自天南地北，来自城市乡村，来自教学一线……我们一起并肩学习着。

我常想，我并不是一位优秀的老师，但我绝对是一个勤奋的学生。在过去一年的不断学习中，我特别深切地感受到：来到我们面前的，不是新的一年，而是新的时代。在这个新的时代里，教育工作者应该以自我学习、不断创新作为自己新的使命。真正的教育，是教师与学生一起学习，一起创造，一起成长的过程。

亲爱的新教育同仁，智慧就是生产力，学力就是创造力。让我们一起学习吧，不断探寻新知，以新教育创造我们新的一年，以不断的学习创造生命的奇迹！

你们的同路人：朱永新

2015 年 12 月 31 日晨于北京滴石斋

好学近乎知

——2016年教师节的信

亲爱的新教育同仁：

又是一年教师节。在今年的教师节前，有两件事情让我感触很深。

一件事发生在2016年8月的西藏。我去世界屋脊考察，在拉萨见到了一位新教育实验学校的年轻校长。我问他办学有什么困难，他告诉我，现在倒是不差钱，最大的困惑是没有办法激发起教师学习的激情和愿望。在高海拔地区，工作25年左右就可以退休了。许多教师到了45岁左右就没有了动力，不想再学习。如何调动他们学习与成长的积极性，是他考虑得最多的事。

另一件事发生在2016年9月2日晚。这天晚上8点，在新教育实验网络师范学院的新学期开学典礼上，来自全国各地的900多名老师相聚在一起。他们有的已经工作30多年，有的刚刚参加工作，但是都提交了相关文章，申请成为网师的学员。或许让外人难以想象的是，网师的学习不能提供相关的学历，也没有提供教师培训的学时证书，这样一群人在这里读书、听课、交流、分享，纯粹就是为了给自己充电，让自己成长。更让外人难以想象的是，网师所有的人，从讲师到学员，从教务人员到学习组长，都是志愿者。当然，我也是其中的一位志愿者讲师。

两件事的对比，让我想了很多。

我曾经说过，我是个集学生（受教育者）、教师（从事教育者）、教育研究者和教育管理者于一身的人，命运注定了我这辈子与教育有缘。其中，我最专注的角色是教育研究者，我最自豪的角色是教师，而我最喜欢的角色，是学生。学生这个角色，使我感到年轻，感到充实，感到生命洋溢着一股永不止息的奋进动力。40多年来，我正是在“学生感”的激励下，在师长们的扶持和指导下一路走来。

学习之所以能够让我们快乐、喜悦、幸福，是因为它们能够让我们在精神世界里徜徉，领略最美的风景。尤其是我们在物质世界中感到迷惘困顿的时候，学习更能够让我们在精神世界中找到慰藉。所以，当我们把学习当作任务，当作压力的时候，学习就失去了魅力，失去了趣味，就异化成让我们恐惧和厌恶的事情，这其实也让我们丧失了一种获得成长、体会幸福的机会。

这是一个学习看起来非常便利的时代，我们被各种各样的信息裹挟着，被动地接受碎片化的信息。但是，作为教师所需要的学习，又和一般学习并不完全相同。孔子说："好学近乎知。"好学，自然就乐学，自然就能够成长。同时，这里说的"知"，不仅指知识，也指智慧。作为教师，教室就是我们的一亩三分地，就是我们生命扎根之所在。我们如何缔造一个完美教室？如何让师生的生命成长？如何拥有一种幸福完整的教育生活？这些自然离不开学习。教育的知识、教育的智慧，就在那些伟大的教育著作之中。

新教育把职业认同和专业发展视为教师成长的双翼。因此，职业认同需要学习，只有学习才能明了教师一职的价值意义；专业阅读就是学习，阅读是最简便的自我教育；专业写作更是深度学习，明晰的思考往往从写作开始；专业交往也是学习，就像新教育网师里，网络学习和网友交流一体，友情伴随着学习逐日递增。这种基于专业的学习，能够简便而积极有效地改良工作，改善生活，改变自己。

学习就是一座桥梁，学习把我们与过去、现在、未来联结起来，把我们与外部的世界联结起来。2010 年 6 月，郝明义先生送我一本他的著作《越读者》。在书的扉页写着这样一句话："除了爱情，没有事情像阅读这样让我们觉得，迟来的开始也可以如此美好。"是啊，我们生活在物质世界里，但归根结底我们所有的感受，其实是一种精神世界里的存在。世界上还有什么事情比读书学习更加美好呢？

亲爱的新教育同仁，亲爱的老师，在这个属于我们自己的节日里，学习，是我们送给自己的最好的礼物。让我们开始享受学习的幸福吧，我们自然会创造教育的幸福！

你的学习同路人：朱永新

2016 年教师节写于北京滴石斋

让思考为行动导航

——2017年新年致新教育同仁

亲爱的新教育同仁：

迎接新年的第一缕曙光，总让人心生感慨。既满怀对一年时光匆匆流逝的留恋，又满怀对新的日子的期待。

在2016年即将结束的时刻，我收到了一份特别的礼物，一本名为《心灵深处亮盏灯》的书。它是一本评论书的书，是我写的《致教师》一书的评论集，汇聚了专家学者、一线教师、匿名网友等不同读者朋友的近百篇评论文章。

当我阅读这些文章时，就像看着飞溅的思维火花，心中感动而振奋。写作是对思考的梳理和固化。或许我写作的《致教师》只是一块石头，但是，读者们的思考就像巨锤。石头和巨锤在相遇中，迸发出的火花，就为世界增添了一丝光亮。

人之所以成为人，是从思考开始的。

人们的思考，总是从天性出发，又在思考中不断呈现自己的天性。所以，当我们还是孩子的时候，对世界的那些奇思妙想，都源自生命最初的渴望。因此，对教育而言，只有当我们关注对方的思考时，才是真正开始关注到教育本身，才有可能主动开始教育。

人的精神成长，是从思考开始的。

就像大家所知道的那样，这些年来，我一直在强调阅读对于精神成长的意义，新教育实验也一直把"营造书香校园"作为十大行动之首。阅读正是提供思考的原材料。孔子强调的"学而不思则罔"，正是对学习中思考这一环节的重视。如果不思考，再多阅读都只能是原材料的堆砌，而不是原材料的消化。教育所要做的第一步，就是为人们提供思考的方法。

精确的思考，是从写作开始的。

没有写作，我们往往就没有思考的习惯和动力。我们就很可能拿着一张教育的旧船票，不断重复昨天的故事。写作是最好的思考训练。写作帮助我们更理性地认识自己，认识生活，面对未来。写作课是哈佛大学所有本科生唯一的必修课，叫作 Expository Writing。清华大学经济管理学院从 2009 年开始开设中文写作课，并且把这门课程视为“落在实处的与批判性思维相关的课程”。而我们新教育实验强调的专业写作，也是希望让教师学会反思自己的教育教学行为，学会通过写作与学生共同编织有意义的生活。

人的心智的成熟，是从独立思考开始的。

独立思考，才是教育最需要教会人做的事。独立思考这四个字，说起来简单，做起来却非常艰难。人是社会化的动物，小到生活习惯，大到习俗法律，从行动到思考，其实都在无形中受到周围的影响。只有独立思考，才能确定自我的主体意识，才能在思想的弱水三千之中，只取自己最喜爱的一瓢，才能最终成为自己。教育，从更深层次上要做的，是为人提供独立之根本——正确的价值观、思想观。

深刻的思考，必须以行动为目的。

哲学家埃德蒙·伯克曾经一针见血地指出：“虚伪喜欢躲藏在最高尚的思考之中。它从来企图脱离思考，因为思考能使它不费吹灰之力就获得高尚的美名。”所以，在强调思考时，我们需要特别注意：思考不是结果，而是过程。如果思考仅仅是思考，那么，我现在还是大学里的学者，以记录和传播思考为乐，而不会发起新教育实验。思考就像导航仪，目的是为了准确地为行动定位。生活的纷繁复杂，意味着我们的行动也有着无数可能，我们必须运用思考定位，才能在有限人生中做出最有意义的行动。对于教育来说，思考和行动的关系更是如此。如果只有思考而没有行动，就根本不存在教育。

亲爱的新教育同仁，在这新一年的第一天，特别把这些关于思考的思考，与大家分享。在新教育的路上，只有娴熟地思考，才能最大限度地节约时间；只有正确地思考，才能最为准确地瞄准方向；只有深刻地思考，才能最为有力地坚持前行。

愿我们在新的一年里，以思考促进行动，以行动滋养思考，让思与行结合，让思考为行动导航，让我们继续并肩前行在幸福完整的路上！

你们的同行者：朱永新

2017 年 1 月 1 日晨于苏州滴石斋

坚持是恒久的享受

——2017 年教师节的信

亲爱的新教育同仁：

时间过得好快呀，还清晰地记得去年教师节给大家写信的情形，转眼间已是第33个教师节了。

时光滴水穿石，在这一年中，我们做了什么？我们得到了怎样的成长？我们又抵达了怎样的目的地呢？

法国著名微生物学家巴斯德曾经说过："告诉你使我达到目标的奥秘吧，我唯一的力量就是我的坚持精神。"这里所说的坚持的精神，也就是新教育成功六字诀"信望爱学思恒"中的"恒"。

多年没有看电影的我，在2017年7月份阴差阳错地看了两场电影：《冈仁波齐》和《摔跤吧，爸爸》。

《冈仁波齐》讲述的是西藏普拉村村民尼玛扎堆与村民们朝圣的故事。为了完成父亲的遗愿，尼玛扎堆决定去拉萨和神山冈仁波齐朝圣。一路上经历了无数磨难与坎坷——恶劣的天气，车子的毁坏，婴儿的新生，老人的去世……但他们的信念从未动摇。这是一个关于信仰的故事，也是一个关于坚持的故事。

《摔跤吧！爸爸》是根据真实故事改编的电影，讲述了一个父亲为自己的摔跤梦想奋斗的故事。马哈维亚·辛格·珀尕曾经是国家摔跤冠军，因生活所迫放弃了摔跤。他发现女儿们摔跤上的潜能，决定像培养男摔跤运动员一样来训练自己的女儿。在许多嘲笑、非议、磨难中，他毫不畏惧，最终女儿们赢得了世界金牌。这是一个关于梦想的故事，也是一个关于坚持的故事。

坚持，说起来容易做起来却难。俗话说，"行百里者半九十"。为什么一百里路走了九十里才算走了一半？因为绝大多数人是走不完那最后的十里路的。据说苏格拉底曾经给自己的弟子布置过一道作业，让他们每天甩手一百下。一个星期后，他问有多少人还在坚持做，百分之九十的人都告诉老师自己在坚持。一个月后，只有一半的人在坚持。一年后，只有一个人在坚持，那个人就是柏拉图。

许多新教育的老师还记得“朱永新成功保险公司”的故事。2002 年，我曾经在教育在线网站发过“朱永新成功保险公司”的帖子，激励教师们坚持写作，记录自己的教育生活，每天 1000 字，坚持十年。事实证明，坚持的老师并不多，但凡是坚持下来的老师基本都已经成为佼佼者。

坚持的最大敌人是借口。坚持，要学会不找借口，因为总会有各种各样的理由让我们放弃。例如我们想锻炼身体，雨雪天气往往就会成为借口；我们想戒烟减肥，朋友聚会往往会成为借口；我们想读书写作，工作忙碌往往会成为借口。有了一个借口，就像防洪堤被冲开了一个缺口；有了一个借口，就会不断为自己寻找新借口。锻炼身体，雨雪天气不能外出，可以在室内进行；戒烟减肥，可以让朋友成为见证和监督的力量；偶尔加班加点，也可以尽量挤出时间读书写作。总之，不给自己任何借口，是坚持的关键。

坚持的最好朋友是习惯。而习惯的养成是一个漫长的过程，习惯的改变也是一件慢工出细活的事情。无论培养新习惯，还是改变坏习惯，都没有什么“神药”与快速疗法，习惯的养成不是毕其功于一役的百米冲刺，而是细水长流、水滴石穿的过程，是一场需要意志与坚持的马拉松。我的父亲让我每天 5:30 起来写毛笔字，虽然我后来并没有成为书法家，但养成了我早起的习惯。几十年来，让我每天有 2~3 个小时的读书写作时间。最近几年我开始了自己的“重读经典”计划，5 年时间里我读完了陶行知、叶圣陶、苏霍姆林斯基、蒙台梭利的全部著作，目前正在读杜威的著作。每天早晨通过微博与网友分享我的读书笔记，而 10 余部“朱永新领读”的系列著作也即将结集出版。早起的习惯，几乎让我忘记这是“坚持”的力量。

许多人不是不想坚持，而是生活中各种诱惑实在太多。人的本性都是趋利避害的，喜欢感官的即时享受。诱惑之所以能引诱我们，是因为它们都能较方便、直接、及时地给我们带来快乐。相对而言，凡是需要坚持的活动，如读书、写作、运动等，虽然也是享受，但与美食、影视、聚会等当下就有反馈的快乐相比，需要更为长远的时间才能显现。

所以，抵制诱惑，需要心理的定力，需要理性的光芒，只有理性地思考与践行，才能超越当下的、短期的快乐，从坚持中得到恒久的享受。坚持，是我们一生取之不尽用之不竭的财富，是一种宁静而绵长的幸福。愿我们每一位教师都能永久享受这种恒久的幸福，传播坚持的力量。

你们的同行者：朱永新

2017年教师节写于北京滴石斋

筑造人机共生的新家园

——2018 年新年致新教育同仁

亲爱的新教育同仁：

当 2018 年的脚步声匆忙响起的时候，我们也许还没来得及盘点即将逝去的 2017。

然而，无论我们是否盘点，在刚刚过去的一年，有一位风云人物，我们无法绕过：人工智能机器人。

无论是阿法狗（AlphaGo）三场连胜人类的围棋冠军，还是医疗机器人用 4.8 秒诊断 100 份病历，且与专业医生的诊断结论 100% 相同……剧变，如同潮水一般铺天盖地，汹涌而来，将我们推向了新时代的港口。

这一次，和 60 多年前刚诞生的人工智能截然不同。因为，在这一年，我们已经看见了彼岸的新风景。但是，人类最终所想拥有的绝不是强悍却坚硬冰冷的机器，而是温暖美好的未来。

处于这样一个新时代的港口，我们看见了彼岸，看见了岛屿，看见了丛林，我们心中满怀激情，渴望拥抱新的一切。然而，我们又不无忧虑，担心新的环境里，不仅有着诸多不确定，还有着隐藏的危机。

面对越来越智能、越来越仿真的机器人，人与机器人该如何共处？

人类世界里的道德伦理，如何约束规范机器人？

机器人的发展，是否会取代人类？

我们在即将抵达的彼岸里，在那新的丛林之中，能够真正筑造起辽阔而美好的新家园吗？

那么，具体到教育而言，在这新的时代里，我们还有更多细节需要深入。

我们如何才能抓住人工智能的发展，及时进行教育创新？

我们如何借助于机器人，让我们的教育更为公平和高效？

我们如何引入机器人系统，才会对教育冲击更小、提升更大？

这一切，意味着我们面对正在到来的新时代，需要确定目标。

目标，是我们前行的方向，根据目标，才能进行心理上和行动上的建设。

人类，永远渴望自我超越。在既有的发展里，人类已经借助于先进的科技，一次又一次使自身抵达前所未有的新高度。

教育，永远协助人类超越自我。在既有的教育历史上，人类通过教育而成为人，通过教育成为更智慧更强大的人，教育也因为不断发展而呼应着时代的需求。一个真正以人为本的新机器时代，应该是一个“人机共生”的时代；一个真正以人为本的人工智能教育时代，应该是一个“人机共教”的时代。这，才是我们应该抵达之处。

我们可以想象一下，在并不久远的明天，人工智能将深入家庭，深入教室，深入教育中的各个角落。

每一个技能的培养，都将因为人工智能的陪伴，变得更加深入。父母不必再把宝贵的时间耗费在对孩子的培训上，而转向把时间用于高质量的心灵交流，用于对孩子人格的引领和提升。

每一个知识点的学习，都将因为人工智能的运用，变得简洁。教师不再担忧学生在基础知识上的学习，从而有足够的时间，去重点关注学生的潜能挖掘、综合发展等方面。

因为人工智能的发展，我们将迎来教育资源极度丰富、教育力量空前强大、教育效率飞速提高的教育腾飞之机。这腾飞的教育，将人类的视野与行动，送上更高处。

我们通过人工智能机器人所创造的，不是把人与机器人作为竞争与取代的关系，而是力图创造一个人机共生、人机共教的全新未来。

亲爱的新教育同仁，在未来人机共生的新家园、人机共教的新学校中，学会做机器人无法做的事情，学会让机器人为我所用，是我们必须谋划的自我教育，是我们必须学习的新本领。

亲爱的新教育同仁，当我们教育工作者和人工智能机器人，共同携手，取长补短，人机共生地奔跑在丛林中，我们势必会开辟出远超今天所能想象的教育田野，势必能在美丽的新天地中，筑造起新的家园。

亲爱的新教育同仁，在我们的劳作中，这样的美好未来，随着新年的钟声，随着我们的脚步声，正在到来！

你的同行者：朱永新

2018 年元旦写于北京滴石斋

让人性的光芒照亮教育

——2018年教师节的信

亲爱的新教育同仁：

又到了一年一度的教师节。

平时，在我的身边，无论是精神世界中，还是现实生活里，都一直少不了一线教师的身影。教师节则更不例外。

教师节，是社会各界对教师给予特别关注、特别尊重的一天。对于我们教师自己而言，这个节日，应该是在喜悦平静中反思自省的一天。

新教育实验，是以教师成长为起点的实验。这些年来，一线教师在新教育实验之中的飞速成长，已经不再是神话，而是一个又一个在我们身边涌现的佳话。

在我们的节日里，我们应该自省：为什么还有一些老师，也许还包括我们自己，并没有像我们所期待的那样，在教师这个职业之中，绽放出生命本身应该具有的光芒？

前些天，我刚刚参加了一次中国医学人文大会。在这个会议上，我聆听了许多医学界的专家，对医学中的人文精神所展开的讨论。

比如，中国工程院院士、第四军医大学原校长樊代明教授，就是医学人文精神的传播者。樊教授特别重视阅读、写作和讲演，主张医生应该通过阅读吸收正能量，通过写作储存正能量，通过演讲释放和传播正能量。他自己已经有90多本著作出版，大部分是个人专著，在国际上发表论文700余篇，为医学同仁的157本书写过序言。

比如，中国癌症基金会理事长、中国医学科学院肿瘤医院原院长赵平先生，则更是以“人文精神是医学之魂”为题，发言直抒胸臆，讲医生应具备的医德与人文主义情怀：“今之名医，需心存仁义，博览群书，精通道义。”

那一天，我非常感慨。因为常常有人说，医生治疗身体，教师治疗心灵。事实上，现代科学早就证实了身心是紧密相连、不可分割的。一个孱弱的身体很难拥有强大的精神，而积极的精神状态，会很大程度上影响一个人的体能。所以，医生和教师，其实都是针对人的职业，是职业上的殊途同归。

就像赵平先生提出的那样，医生要重视的是生病的人，而不是人的生病。因为，尽管科学技术高度发达，世界上仍然有许多疾病是无法治愈的，如癌症的治愈率不到 40%。只有把人作为中心，而不是把病作为中心，才能真正地让人性的光芒照耀这个世界，才能真正让患者感到幸福安宁。

医生如此，教师更是如此。只有我们把人作为中心，而不是把分数、考试作为中心时，才会真正地尊重每个孩子的个性，满足每一个孩子的需要，挖掘出每一个孩子的潜能，让每个孩子成为最好的自己。我们每一位教师，也会在这个过程中成为最好的教师，才会绽放出自身最美丽的光芒。

我们应该通过怎样的方式，让教师呈现出我们期待的教育之中的人文精神呢？我们应该通过怎样的方法，让每一个教师都能成为最好的教师呢？

对此，新教育实验早就提出了“职业认同”和专业阅读、专业写作、专业交往的“三专发展”模式。这两者是一枚硬币的两面。没有足够的职业认同，不可能有真正深入的“三专发展”，因为一个内在缺少足够动力的人，不可能走得很远。相应地，缺少真正的专业发展，再多的职业认同也只会浮于表面，无力在行动中落实。

在医学人文大会上，我想到一个曾经对我们教师来说很有挑战性的问题——为什么没有学过医学的人不可能拿起手术刀上手术台，而没有学过教育学的人可以毫不胆怯地走上讲台呢？这说明，教师职业的专业性仍然有漫长的道路要走。但是，一位真正的好教师，一定是在这条道路上长期修炼过的，一定是像仁医那样具有高超的专业水平的。

亲爱的新教育同仁，在科学技术日新月异的背景下，人们的幸福并没有随之水涨船高，最大的问题或许就是人更容易被物质蒙蔽，而忽视了自己内心的丰盈。我们希望以教师的专业重振人文精神，就是希望能够让所有的科学技术都有着生命和人性的温度，从而能够真正服务于人，让人们生活得更加幸福。

以人为本的时代早已到来，用人性的光芒照亮我们教育的前路，用“三专”的方法推动我们专业的精进，是时代赋予我们的使命。无论我们保持怎样的姿态，最终都必将拥抱这个时代。

期待我们的新教育同仁和更多的一线老师，能够更为主动、更为积极地调整自己，充盈自己，能够真正以人文精神审视教育，审视自己的教学，真正实现教学相长，从而在教育生活过程中，得到更多的满足感，获得更多的成就感，创造一种幸福完整的教育生活。

你的同行者：朱永新

2018 年 9 月 10 日凌晨于北京滴石斋

让传播美好成为本能

——2019年新年致新教育同仁

亲爱的新教育同仁：

又是新的一年。时光向我们铺开了新的画卷。

我相信，对于任何一个人来说，过去的一年，肯定有幸福也有痛苦，有成功也有挫折，有泪水也有欢笑。当然，也有美好或者丑陋。

具体到我们每一个人的生活之中，这一切就像白天和黑夜、太阳和月亮，都是永恒存在的。不同的，只是它们在生活中所占据的比例差异而已。这种不同的比例，也就构成了我们生活酸甜苦辣咸的百般滋味。

教育是什么呢？从某种意义上说，教育其实就是通过各种方法，有意识地调整生活中各种滋味的比例，努力创造自己喜爱的生活滋味的过程。

教育让我们首先从过去，撷取一些记忆、选编一些事物。法国思想家涂尔干说："面对人类成熟的思想文化，教育的责任就是选编。"历史中沉淀的那么多美好，是人类一代代积累所得。

教师就像是厨师，把这些选编的素材，进行搭配、进行烹饪。于是，同样的原材料，经过不同的手，捧出不同的食物。教师的作用，不仅是对已有美好的传播，更是对新生美好的创造。

教学就是我们不仅自己品尝这些食物，还馈赠他人。在各种教学相长的过程中，通过分享与共享，让自己的身心强健，让他人也因此强壮。教学的过程，是师、生、亲的多方成长，是一段美好的旅程。

只有这样美好的教育，才能在年轮画下一个圆圈的时候，让人感到圆满，并且心满意足地站在一个新的起点上。

亲爱的新教育同仁，新教育实验倡导过一种幸福完整的教育生活，正是为了传播那些选编的美好，从而在传播中创造美好。

新教育实验一直在努力汇聚各种美好。我们不仅仅向传统中的美好致敬，并且深刻汲取其中的营养。我们同时珍爱来自一线的美好，重视那些活生生的当下。我们也在不停向世界各地的探索者学习，把异国他乡的美好，或嫁接或移植，用来丰富我们的教育家园。

对于我们每一个个体而言，传播这些美好，应该成为我们自觉的选择。

之所以新教育实验能够星火燎原，从本质来说，是因为有着一个又一个的新教育人在自觉传播美好。

在大江南北，无论是一线的教师，还是各级教育管理工作者，或是父母朋友，他们因为真正践行着新教育实验，而让自己的生活变得美好起来。他们所传播的新教育实验，言行合一，这样的传播具有极大的感召力和吸引力。

同时，这些传播新教育实验的践行者们，因为选择了传播美好，也意味着他们会更加自觉地要求自己，所以也更加迅速地成为美好。

每个人都不完美，传播美好并不意味着自己没有缺陷。但是，因为传播美好，自己会更加重视修炼自我。生活也不会完美，传播美好并非意味着自己的生活不需要改变。但是，因为传播美好，哪怕置身困顿之中，他们会永远朝向明亮，以乐观积极的方法面对教学中的重重挑战。

就像那个“做一件让世界变得更美丽”的事情的“花婆婆”方素珍一样，传播美好，坚持行动，而这种行动本身就在创造美好，我们自己也因此会变得更加美好。日复一日地坚持，朝朝暮暮地耕耘，美好的传播自然也会收获更多美好：个人的成长，事业的成就，家庭的幸福……

我一直说，哪怕戴着镣铐，也能跳出精彩的镣铐舞。任何追寻梦想的行动，都是对现实的改写，当然会遇到阻力。作为教育工作者，我们从事的就是传播美好、创造美好的工作，如果能够把传播美好变成本能，我们的努力将会事半功倍。以美好为目标去行动，又以行动传播美好，我们自然就能从生活之中收获更为丰厚的幸福。

亲爱的新教育同仁，年轮一圈又一圈画过，时光在不断涤荡着自我。一年又一年，一次又一次，我们把每一年视为一次新的启程。

那么，在前行的起点，在这时光的初始处，请不要忘记，带上一个美好的心愿，带上一种美好的心境，以传播美好的行动，不断去播撒这些美好的种子吧！这一切，会让我们自身变得更加美好，会让世界变得更加美好！

2019，就是我们必须去创造的更加美好的一年！

你的同行者：朱永新

2019 元旦写于北京滴石斋

教师应该成为幸福完整的代言人

——2019 年教师节的信

亲爱的新教育同仁：

又是一年教师节，又过去了 365 个喜怒哀乐的日子。每一年到了这个时候，心中总是有着许多感慨。

每一年，我都会走访 100 多所学校。每一年，我都会和无数教育工作者以各种方式相见。在投向我的那些目光之中，最多的人是被新教育实验的宗旨吸引：过一种幸福完整的教育生活。有的目光是幸福，有的目光是渴望，也有的目光是犹疑：作为普普通通的教师，真的可能过一种幸福完整的教育生活吗？

每一年，教师节这天，也是我格外想念父亲的日子之一。我的父亲，一位普通的乡村小学教师。我记得他拉着手风琴时青春洋溢的样子，记得他在寒风中骑着自行车带上我一起去学校的情形，我也记得他在乡村学校的夜晚对着老鼠学猫叫，我还记得他在“文革”期间笑呵呵地面对批斗他的大字报，我更记得他拿着教育部颁发的全国优秀教师证书时喜悦的表情……转眼间，父亲去世多年了，但是，只要我的脑海里键盘上出现教师的字眼，总会跳出他的模样。那是幸福的模样。

每一年，教师节这天，我也格外惦念那些奋战在一线的新教育同仁。因为，新教育实验近 20 年的经历，无数活生生的事例告诉我们：教师不仅可以过上幸福完整的教育生活，而且，一线的普通教师，就应该成为幸福完整的代言人。

教师的幸福，从哪儿来？从幸福的定义而言，不同的人有不同的标准，不同的追求，正如哲人所说：须知参差百态，乃幸福的本源。

但是，归根结底，教师和所有人一样，幸福是从生活中来。每个人的生活，都有家庭，也有事业；都有理想的期待，也有现实的局限；都担负着责任，也享受着权利……

作为完整，则有相对固定的解答：身心灵的和谐，家庭和事业的兼顾，理想和现实的调和，责任与权利的对等，乃至个体与群体的互相成就……

“幸福完整”这四个字，作为一组概念，不仅是我们新教育人对教育生活的一种界定，也应该是教师对自己人生的一个期许和一次梳理。

所以，我们无限期许，也全力倡导着：教师，应该成为幸福完整的代言人。

教师的生命，应该成为幸福完整的存在。新教育对人的生命，进行过分析，应该包含着三个层面：一是生命的长度，对应着人的自然生命；二是生命的宽度，对应着社会生命；三是生命的高度，对应着精神生命。提升这三者，应该成为教师的自觉追求。

所以，我们殷切希望，教师能够关爱自己的身体，尽可能让生命延展长度。保障教师的休息权，就和保障教育中的惩戒权一样，都是为了教育得以更好地正常进行。作为比较稳定的职业，教师的日常生活也有着比较稳定的作息，教师自身应该有更多健康知识，从饮食到运动，让自己更加健康。

所以，我们殷切希望，教师能够关注自己的交往，尽可能让生命拥抱宽度。相对而言，教育作为社会的基石，是以传统、稳定为特点的，与社会上日新月异的其他行业不同。因此在工作中，作为老师，需要特别注意，不要让自己的世界被教室的大门局限。敞开门做教育，敞开心做教育，在这网络时代，每一位老师都可以借用社会之智来做教育，都能做出教室里的大教育。与此同时，通过专业交往，来促进自身专业水平的提高，这也是新教育教师成长的秘诀之一。

所以，我们殷切希望，教师能够关心追求的方向，尽可能让生命创造高度。任何高度，都来自在原地的不断积累。正是这个特点，无论你是在一线教学，还是从事教育管理，都可以有着属于自己的积累。精神的领土是没有边界的，从任何起点，都可以积跬步以至千里。精神的领空是无边无际的，从任何地点，都可以向上展翅。为自己的生命找一个榜样，最终成为自己渴望成为的人，这是最根本的幸福。

从对生命的分析，我们可以看出，真正的幸福完整，来自这三者的协调。我们常常感叹个人的能力有限，作为教师更会感觉面对各种挑战的无力。但是，对照着生命的长度、宽度、高度来审视自身，我们不难发现：除了生命的长度是尽人力听天命之外，生命的宽度和高度，都是我们自己能够主动进行选择、决断和延展的。

就连生命的长度中，世界卫生组织的研究都指出：自我保健占60%。

亲爱的新教育同仁，把握自己能决定的，乐观拥抱未知的可能，让自己成为幸福完整的代言人吧，相信这个不断追寻的过程，就会创造我们人生的最美风景！

你的同路人：朱永新

2019年9月10日清晨

让教育沐浴人性的光辉

——2020年元旦致新教育同仁

亲爱的新教育同仁：

每一个早晨，都是一天中最宁静的时刻。在书房中的早晨，心灵更是格外宁静。

在新年的曙光即将到来的这一刻，我们或许应该问自己：教育的光辉，又因何而来呢？前些天，我与冯骥才先生做了一个闭门对话。我们共同关注的重要问题，就是教育究竟是干什么的？教育究竟有何用处？好的教育究竟应该是什么模样？

冯骥才先生说，做教育的人，如果不把这些基本问题搞清楚，就会迷失方向。

我认为，教育最重要的是两件事，一是让人成为人，二是让人真正拥有幸福。

人类和其他所有动物相比，本能要少得多。刚出生的小牛小马就会站立、行走、奔跑，人类却要经过漫长的哺育才能独立生活。人类的绝大多数能力，都是在后天教育中形成和发展起来的。更重要的是，人是一种符号性的动物。只有通过教育，才能掌握符号，才能拥有精神生活，才能成为一个真正意义上的精神的人。正因如此，德国哲学家康德说：人只有通过教育才能成为人。除了教育从他身上所造就出的东西，他什么也不是。

同时，人的意义，自然不仅仅是活着。亚里士多德说，幸福是人的最高目的。人活在这个世界上最重要的使命是什么？最重要的任务是什么？其实就是“幸福”两个字，这是我们每个人一生追寻，但又经常被我们忘记的。教育一方面教人拥有创造幸福的能力，另一方面教育生活就应该是幸福本身。所以，新教育学校常常在最醒目的地方亮出我们的宗旨：“过一种幸福完整的教育生活。”

教育最重要的两件事，都交汇在一个根本上：人。

作为一线老师，我们有着许多无奈。面对各种各样的考试评价，面对各种各样的矛盾遭遇，尤其是面对未来人工智能社会的挑战，我们究竟应该如何处理，才能让我们的内心充盈而幸福？

我想，唯一的答案，就是让教育沐浴人性的光辉。让教育沐浴人性的光辉，就是要善待我们自己。真正的善待自己，是珍惜时间，张弛有度，让人生丰盈。发现教师职业的魅力，做一个善于享受教育生活的人；培养更健康丰富的爱好，做一个有生活情趣的人；与学生一起成长，做一个在教育过程中不断进取的人；不断挑战自我的最高峰，做一个创造自己生命传奇的人。

让教育沐浴人性的光辉，就是让我们善待学生。把学生作为一个真正的人看待，让学生能够张扬自己的个性，发挥自己的潜能，成为更好的自己。在我们教室里的学生，首先是活生生的生命。我们应该从生命的角度考虑，首先是如何帮助他成为一个人，一个有理想有激情有智慧的人，一个能够适应社会并且受人欢迎的人，一个挖掘自身潜能张扬不同个性的人。

让教育沐浴人性的光辉，我们还要努力把教育的温暖传递给社会。许多问题，归根结底是教育的问题。尽管我们任何一个人，作为个体的力量都是有限的，但是，再渺小的个体，都能够温暖身边的人。所以，我们要让所有和我们相遇的人，都能够感受到我们的美好和温暖，这也是让人与人之间、让全社会变得更美好、更温暖的有效方式。

有人性的人是明亮的，有人性的教育是光明的。让教育沐浴人性的光辉，我们的今天将会更加幸福，我们的明天将会更加美好，我们的世界将会因此璀璨。

亲爱的新教育同仁，我们，正是为了这样的教育，成为幸福的行动者。

在新的一年，让我们继续为此奋斗！

你的同路人：朱永新

于 2020 年第一个清晨

《致教师》（教育经典版）后记

2015年8月，《致教师》一书由长江文艺出版社出版。4年多来，平装版已经重印25次，精装版重印7次，截至目前已发行40余万册。2018年1月，中国盲文出版社还出版了大字版《每天都是最美时光——致教师》。2019年12月，《致教师》的英文版 *To Teacher* 由美国的 CAN Time Books 出版公司出版。

《致教师》出版后，受到一线教师的广泛欢迎，成为许多教育局和学校的教师必读书，全国各地的老师们撰写的读后感和书评文章达数千篇。2017年1月13日，长江文艺出版社在清华大学附小举办了《致教师》发行20万册纪念座谈会。习近平总书记的中学语文老师兼班主任陈秋影老师，国家文史馆馆员、中国人民大学附中原校长刘彭芝，清华大学附小窦桂梅校长，北京教科院数学特级教师吴正宪，中国新闻出版研究院院长郝振省，著名图书评论家、南京大学教授徐雁，中国教育30人论坛秘书长马国川，香港文汇报北京记者站主任凯雷先生，以及最美乡村教师代表高进儒等先后发言，石中英教授和教育部教师工作司司长王定华博士等书面发言。窦桂梅校长在发言中说，"过一种幸福完整的教育生活"与阅读相遇，《致教师》与寒假相遇，是一件非常美好的事情。这个寒假清华附小的教师共读书就是《致教师》。高进儒说，读了三四遍《致教师》，有一种"回家的味道"，真希望所有的乡村特岗教师能够读到这本书。会议以后，长江文艺出版社出版了由石中英、李镇西、吴正宪等撰写的《致教师》评论集《书之书——<致教师>30万册纪念版》。

2019年底，应出版社要求，我对《致教师》做了修订，篇幅超过了25%，新增加了16封给教师的信。这些信中，包括了我近年来在教师节专门为教师们撰写的信件，如以"信、望、爱、学、思、恒"为主题的成长"六字诀"，以及回答新教育榜样教师朱雪晴关于新教育实验的困惑的万字长信等。

无论是新增加的16篇文章，还是《致教师》中原来就有的内容，都无法完整记录我对老师们的心声。想对老师们说的话，太多太多。只是时间有限，只能点点滴滴地道来。希望通过阅读这本书，有更多老师能够重新认识教师职业的性质与使命，掌握教师成长的路径与方法，发现教师职业的内在魅力，希望所有老师都在与学生一起成长的过程中，真切享受到教育的幸福。

这次《致教师》的精装版由漓江出版社出版，与《我的教育理想》《新教育》《我的阅读观》一起，收入“教育经典”丛书，也算是我自己作品中比较有影响的代表作的集中亮相。

感谢杨东平教授为这次的漓江版《致教师》撰写序言。从 20 多年前与他共同发起成立 21 世纪教育发展研究院开始，东平兄一直为中国教育改革鼓与呼，一直关注、支持包括我发起的新教育实验在内的中国民间的教育创新，对此，我也一直感铭在心。在这本书出版之际，我也要感谢长江文艺出版社尹志勇社长和责任编辑秦文苑的慷慨支持，感谢漓江出版社文龙玉老师的辛勤劳作。

朱永新

2020 年 6 月 18 日晨，写于北京滴石斋